まえがき

本シリーズは「どうしたらできるようになるのか」「どうしたらうまくなるのか」という子どもの願いに応えるために，教師が知っておきたい「『運動と指導』のポイント」をわかりやすく示している。

その特徴は「写真」にある。「写真」を使って運動の経過やつまずきを示すことで，動きと運動のポイントが明確になるようにしている。絵では示し得ない運動の姿をリアルに描き出し，それを日々の授業に役立てていただけることを願ってまとめている。

このシリーズは，小学校における体育科の内容を考慮し，**「鉄棒」「マット」「とび箱」「ボール」「水泳」「陸上」「なわとび」「体つくり」**の各巻で構成している。それを筑波大学附属小学校の体育部並びに体育部OBで分担，執筆した。

各巻のなかで取り扱う運動は，系統と適時性を考慮して配列し，基礎的な運動からその発展までを系統樹として巻頭に示した。

本書は，このシリーズのなかの**「陸上」**である。

走る・跳ぶといった運動は誰もが単純に取り組める運動であり，単純ななかにもさまざまな楽しさが内包されている。ところが，競争ばかりの授業であったりタイムをとるだけの授業であったりすると，子どもたちの能力観が固定化されてしまい意欲も半減する。また，最近は，走る・跳ぶの基礎感覚を身に付けていない子も増えている。

本書では，第1章に「基礎感覚を養う運動」を示した。低学年期あるいは授業の準備運動として楽しみながら取り組めるようにしたい。また，第2章「走る運動」第3章「跳ぶ運動」では，それぞれの運動のポイントを明確に示し，子どもへの言葉がけが具体的にできるようにした。本書で示した内容が，子どもたちの実態を踏まえた指導や授業づくりの参考になれば幸いである。

最後に，本書の出版にご尽力をいただいた多くの関係諸氏に心よりお礼を申し上げたい。

陸上の授業づくり 10のコツ

　陸上運動は，走る・跳ぶといった，誰もが幼児期から自然と身に付けてきた身体操作による運動である。個人差はあるものの，基本的には簡単に取り組むことのできる運動が多い。ところがその分単純であり，子どもによってはすぐに飽きてしまうこともある。そこで，陸上運動の授業に取り組む際の留意点を記しておきたい。

1. 授業は長く細く

　子どもの技能は，授業中に目覚ましく伸びるというよりも，一定の期間を経て伸びるととらえられる。つまり，頻度や間隔を保障してあげることで伸びるのである。1年間の限られた体育授業の時間を効率よく使うためにも，分散学習の方法をとって，1時間の授業の半分だけ取り組むようにするとよい。すなわち，1時間の授業を2つの領域の組み合わせで展開する。すると，例えば5時間扱いの単元だと10回の授業で扱うことができる。5時間だと2週間足らずで単元が終わってしまうが，10回だと1ヶ月間も授業で扱えるのである。

2. 効率の良い授業を

　陸上運動では，ラインをたくさん引くことが多く，用具の準備も必要である。そういった準備は短い時間ですませたい。例えば，ラインカーは押すのではなく引っ張りたい。目標となる1点を決め，視線を定めて引っ張るとまっすぐにラインが引けるからである。また，授業中の集合やコートへの移動といった時間もできるだけ短くして，本当にやりたい運動に多くの時間取り組めるようにしたい。他にも，子どもの役割を具体的に決めておいたり，用具そのものを簡単に準備できる物に工夫することでも，効率をよくすることができる。

3. 夢中になる工夫を

　走るだけ，タイムを計るだけの授業ではつまらない。子どもの実態に合わせて競争や"運"を利用したり，具体的な目標値を定めたりすることで，運動することへの必然性を持たせたい。また，恐怖心や疲労感を軽減するような道具を使用するなど，環境の工夫によって夢中に取り組ませることも考えられる。

4. 低学年の感覚づくりが大切

　単純に思える陸上運動だが，意外と基礎的な感覚を身に付けていない子も多い。走る運動で言えば，まっすぐ走れない子。跳ぶ運動で言えば，片足で踏み切れない子。高学年に進むと周りの目を気にして，基礎感覚を身に付けていない子ほど運動を嫌がる傾向にある。したがって，基礎感覚は低学年のうちに身に付けさせておくことがとても重要となる。

5. 関連する運動遊びを大切にしよう

　基礎感覚を身に付けていなければ，目指す運動はできるようにならない。多くの運動は，同じような動きから構成されていて，それらには関連がある。例えば，走り幅跳びの踏み切りは，昔から遊びの中で行われているグリコジャンケンと関連がある。教師が，こうした関連する運動遊びを意図的に取り組ませることで，子どもたちは基礎感覚を楽しみながら自然と身に付けることができる。

6．ゲーム化して楽しく

ただ走ってタイムや記録を計測するだけだと，運動が単調なだけに子どもたちはすぐに飽きてしまう。そこで，単調な運動をゲーム化して子どもたちに意欲を持たせるとよい。楽しみながら繰り返し運動に取り組むことで，子どもたちは伸びていく。

7．課題を明確にしよう

ただ単調に走ったり跳んだりするだけでは，子どもたちはすぐに飽きてしまう。そこで「片足踏み切り両足着地をする」であるとか，「3歩のリズムで走り抜く」といった具体的な課題を示すとよい。また，どのように走ったらいいのか，どのように跳んだらいいのかといった運動のポイントを具体的に示すことでも，普通に走るのとは違う意識になる。課題を少しずつ変えていくことで，子どもたちは意欲的に繰り返し運動に取り組むようになる。

8．良いモデルは子どもに

運動はイメージを持つことでできるようになるので，子どもたちに良い例を見せることは，とても大切である。教師がやって見せてもよいのだが，運動はできている子にやってもらうほうがよい。教師は運動を見せながら説明をすることができるし，その子にとっても運動の見本となることはうれしいことである。また，モデルにする子は，取り組む運動全体が上手にできていなくても，子どもたちに意識させたいポイントができている子を選びたい。クラスの中で運動神経がいいと思われている子よりも，意外性のある子を選んだ方が効果的であるからだ。

9．運動全体で取り組ませよう

陸上運動では，腕の振りとか腿上げといったことをあらかじめ練習してから走るという「分習法」よりも，運動まるごとから個々のポイントを意識させる「全習法」で運動に取り組ませたい。それは，体育授業には時間的な限界があるため，できるだけ繰り返して運動全体に取り組ませたほうがよいからである。その中で，ポイントを意識させたい。

10．便利な教具を使おう

ハードル走や走り幅跳び，走り高跳びは，準備に時間のかかる運動である。どの運動にも，軽量化・簡易化された教具があるので活用したい。軽量化することで準備の時間が短縮され，簡易化することで痛みや恐怖心は和らげられる。教具によって運動を簡易化することで，運動そのものに意欲的に取り組ませることができる。

陸上の系統樹

走る

学年	リレー	短距離走	ハードル走
6	トラックリレー（1周） P47	8秒間走 トップ入れ替え走（100m） P36〜39	ハードル走 P48〜53 ハードルリレー P55
5			
4	トラックリレー（半周） P47	トップ入れ替え走（50m） P36〜37	簡易ハードル P54
3			
2	回旋リレー P46	紅白対抗戦 トップ入れ替え走（50m） P34〜37	
1			

- 手つなぎ鬼　　P10
- 子とり鬼　　　P11
- 追いかけタッチ鬼　P12
- しっぽとり　　P13
- ジャンケンしっぽとり　P14
- ドラキュラ　　P15
- 宝はこび　　　P16
- アウト・セーフ　P17
- けんけんリレー　P18
- 後ろ向き走　　P19

中距離走	跳ぶ 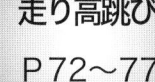	
	走り幅跳び	走り高跳び

クロスカントリー
（5〜6分間）
P56〜60

↑

クロスカントリー
（3〜4分間）
P56〜60

クロスカントリー
（2〜3分間）
P56〜60

走り幅跳び
P62〜67

走り高跳び
P72〜77

↑　　　　　↑

川跳び
世界記録に挑戦
P68〜71

へそまで跳ぼう
ゴム跳び
P78〜79

- グリコ
　ジャンケン　P20
- ジャンプ
　リレー　P21
- 立ち幅跳び　P22
- 足し算跳び　P23
- 跳び箱リレー　P24

目次

◇まえがき　　　　　　　　　　　　　　　　　　　　　　　1

◇陸上の授業づくり10のコツ　　　　　　　　　　　　　2・3

◇陸上の系統樹　　　　　　　　　　　　　　　　　　　4・5

Ⅰ. 基礎感覚を養う運動

- ■手つなぎ鬼　　　　　　　　　　　　　　　　　　　10
- ■子とり鬼　　　　　　　　　　　　　　　　　　　　11
- ■追いかけタッチ鬼　　　　　　　　　　　　　　　　12
- ■しっぽとり　　　　　　　　　　　　　　　　　　　13
- ■ジャンケンしっぽとり　　　　　　　　　　　　　　14
- ■ドラキュラ　　　　　　　　　　　　　　　　　　　15
- ■宝はこび　　　　　　　　　　　　　　　　　　　　16
- ■アウト・セーフ　　　　　　　　　　　　　　　　　17
- ■けんけんリレー　　　　　　　　　　　　　　　　　18
- ■後ろ向き走　　　　　　　　　　　　　　　　　　　19
- ■グリコジャンケン　　　　　　　　　　　　　　　　20
- ■ジャンプリレー　　　　　　　　　　　　　　　　　21
- ■立ち幅跳び　　　　　　　　　　　　　　　　　　　22
- ■足し算跳び　　　　　　　　　　　　　　　　　　　23
- ■とび箱リレー　　　　　　　　　　　　　　　　　　24

Ⅱ. 走る運動

1. 短距離走　　　　　　　　　　　　　　　　　　　26
- ■スタート　　　　　　　　　　　　　　　　　　　　26
- ■ピッチとストライド　　　　　　　　　　　　　　　28
- ■腕の振り　　　　　　　　　　　　　　　　　　　　30
- ■視線・ゴール　　　　　　　　　　　　　　　　　　32
- ■紅白対抗戦　　　　　　　　　　　　　　　　　　　34

■トップ入れ替え走	36
■8秒間走	38
2．リレー	**40**
■バトンの渡し方	40
■バトンのもらい方	42
■コーナーの走り方・リレーの作戦	44
■回旋リレー・トラックリレー	46
3．ハードル走	**48**
■リズムよく走る	48
■踏み切りと着地	50
■振り上げ足・抜き足・着地	52
■簡易ハードル・ハードルリレー	54
4．中・長距離走	**56**
■楽しんで走ろう	56
■手と足の使い方	58
■クロスカントリー	60

III. 跳ぶ運動

1．走り幅跳び	**62**
■遠くに跳べる子の動き	62
■助走から踏み切り	64
■空中動作から着地	66
■川跳び	68
■世界記録に挑戦	70
2．走り高跳び	**72**
■高く跳べる子の動き	72
■助走から踏み切り	74
■踏み切りから着地	76
■へそまで跳ぼう・ゴム跳び	78

I. 基礎感覚を養う運動

基礎感覚を養う運動

手つなぎ鬼

低学年の子どもたちにとって、鬼遊びは楽しい運動である。鬼になった子も逃げる子も必死になって走る。鬼の子は、相手がどのように動くのかを先読みしたり、狙っていないふりをしていきなりタッチしたりする。逃げる子も、鬼から逃げるために周りを見ながら緩急をつけた走り方をする。どちらの役割でも、変化に富んだ走り方をすることで駆け引きをする。用具の必要がないので、準備運動として有効である。

ゲームのやり方

・最初に、ジャンケンで鬼になる子を2人決める。
・逃げる子は、自由に広がって合図を待つ。
・鬼になった子は、2人で手をつなぎ教師の合図で追いかける。
・捕まった子も鬼になり、3人で手をつないで逃げる子を追う。
・4人になったら、2人ずつに分かれて逃げる子を追う。
・終了の合図があったときに残っていた子が、次回の鬼となる。

ジャンケン ぽい！

鬼の人、よーい！ドン！

つかまえた！

4人になったら分裂だ！

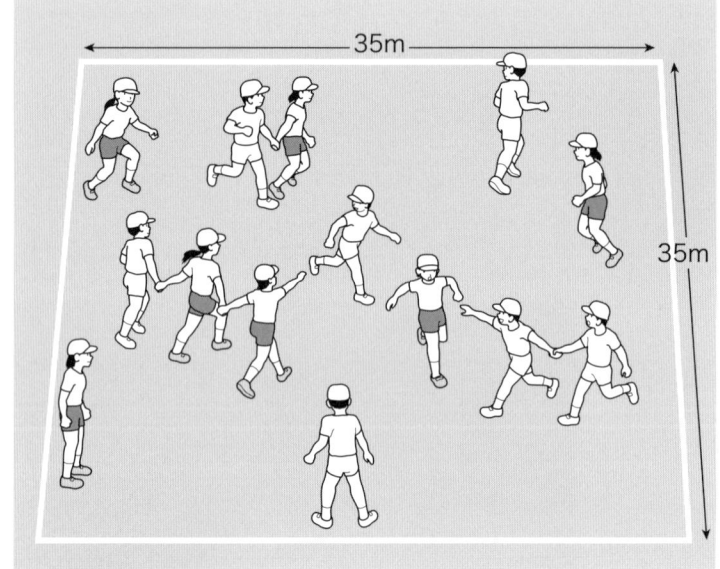

活動のポイント

・ジグザグに逃げたり、緩急をつけた走り方をしたりして上手に逃げている子を紹介する。
・子どもの活動の様子を見ながら時間を区切る（1回1回があまり長くなると活動意欲が停滞する）。
・教師もゲームに参加して雰囲気を盛り上げる。
・子どもの人数を考えながら活動できる範囲を決める。広すぎる場合は、ラインやカラーコーンで制限区域を設ける。

基礎感覚を養う運動

子とり鬼

　逃げたり追いかけたりすることは，子どもたちにとってとても楽しい運動である。鬼の子は，列の最後尾の子どもを捕まえようと多様に動き，列の先頭の子や途中の子は仲間が捕まらないように大きな動きをする。左右の身のこなしを身に付けさせるのに有効である。

ゲームのやり方

・4～8人程度でグループを作り，ジャンケンで鬼を決める。
・鬼以外の子は縦に並んで列を作り，前の人の肩や腰を持つ。
・教師の合図で始め，列の先頭の子は最後尾の子どもが捕まらないように，手を広げて鬼の邪魔をする。
・鬼の子が最後尾の子どもにタッチすれば，捕まえたことになる。
・元の鬼の子が列の先頭になり，捕まった子が新しい鬼になる。
・なかなか捕まらない場合は一定時間（1～2分）で区切り，交代する。

ジャンケン，ぽい！

よーい，ドン！

右に左にフェイント！

タッチ！

活動のポイント

・班などによるグループ対抗にして，グループごとに鬼を務め，一定時間に何人捕まえられたかで勝敗を決めてもよい。
・列の人数が多いと列が長くなって，簡単につかまるようになる。9人以上だと動きが緩慢になって面白味に欠け，3人だと少なすぎて捕まえられなくなる（子どもの実態にもよる）。
・先頭の子が常に鬼の前に位置するとよいことに気づかせる。鬼は逆に前後左右に動き，列を揺さぶるようにする。
・子どもの活動の様子を見ながら時間を区切る。列が途中で切れた場合は，手を離した子が鬼になる。

基礎感覚を養う運動

追いかけタッチ鬼

いくよー！

逃げろ！

追いつきそう！

ギリギリタッチ！

　走ってくる鬼につかまらないで安全ゾーンに逃げ込むのに，どこまで逃げずに我慢できるかを競うゲームである。逃げる子のスタートのタイミングと全力疾走の要素を組み合わせた運動である。リレーのリードポイント（スピードのロスなく，バトンパスをするためのスタート位置）を見つけるのにも有効である。

ゲームのやり方

・同じくらいの走力の子で2人組を作る。
・鬼と逃げる役を交互に行う。
・スタートラインは鬼より遠いラインから順に近づけていく。
・より近いラインで安全ゾーンに逃げ込めた方の勝ち。
・ラインまでの距離を点数化し，何点ラインまで逃げ切れるかを競う方法もある。

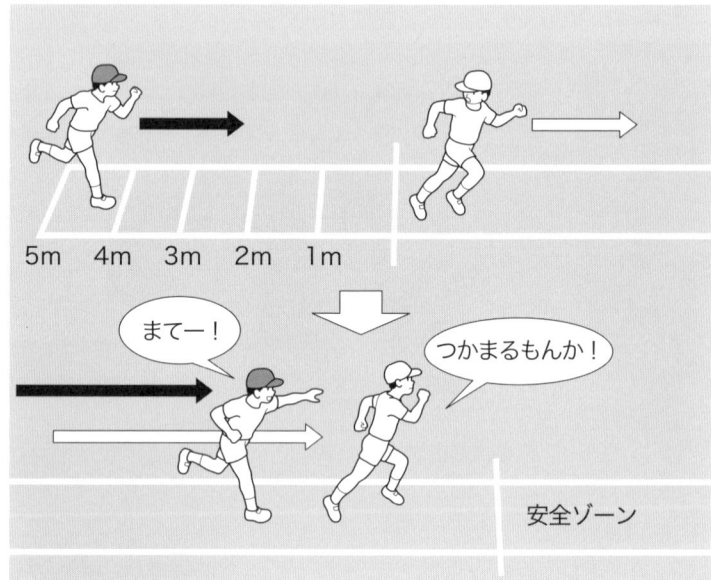

活動のポイント

・スタートラインより1mごとに，逃げ出すポイントのラインを引いておく。
・子どもの実態によっては50cmごとに引いてもよい。
・リレーのリードポイントを見つけるためには，安全ゾーンの手前でつかまるラインを見つけるようにするとよい。リレーの場合，逃げ切ってしまったらオーバーゾーンになってしまうからである。
・リレーのバトンパスで，リードのできない子やリードが遅くて後ろの走者に追い抜かれてしまうような子への指導として有効である。

基礎感覚を養う運動

しっぽとり

腰につけたしっぽを取られないように逃げたり，相手のしっぽを取るために追いかけたりする運動である。鬼遊び同様，追うことや逃げることを通して，自然と走能力を高めることができる。個人戦にしたり，紅白戦にしたり，グループ対抗戦にしたりと，バリエーションは豊富である。

しっぽをつけて

ゲームのやり方

・個人戦の場合，誰のでもよいのでたくさんしっぽを取る。しっぽを取られた子も，そのまま続けて相手のしっぽを取る。最後に，何本とったかを全員で確認し，たくさん取った子に拍手。
・紅白戦の場合，クラスを２つに分けて帽子を紅白にする。白は赤のしっぽを，赤は白のしっぽを取る。最後に，取ったしっぽの数を合計して多い方の勝ちとする。
・グループ対抗戦の場合，6〜8人程度でグループを作り，3チームによる三つどもえでしっぽを取り合う。

よーい！

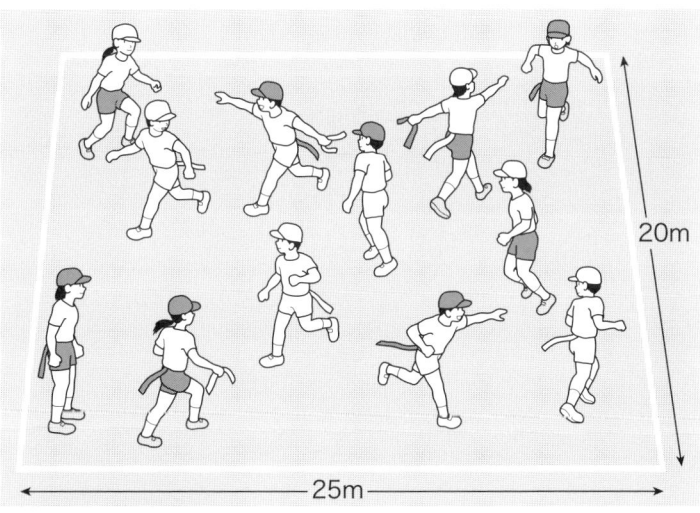

とれそう！

活動のポイント

・1回を1〜2分程度とし，勝ったチームはみんなで万歳。負けたチームは拍手をするようにしたい。
・自分が取られても，どんどん取れるようにすると活動が停滞せず，意欲も継続させられる。
・作戦タイムを設け，複数で取る工夫や逃げ方を話し合わせる。
・コートの広さは，人数や子どもたちの能力に応じて決める（トラックのラインを利用してもよい）。
・しっぽは80cm〜1m程度。鉢巻きやポリエチレンテープ（スポーツ応援のポンポン作成用）でもよいが，専用の市販製品もある。

せーの，バンザーイ！

基礎感覚を養う運動

ジャンケンしっぽとり

ジャンケン　ぽい！

逃げろ！

すぐに追いかける！

待てー！

　背中合わせで踵をつけた2人がジャンケンをして，勝った子が追いかけてしっぽを取り，負けた子は取られないように逃げるというゲームである。ジャンケンの結果の判断とスタート，全力疾走が必要である。

ゲームのやり方

・2人が背中合わせとなり，片方の踵をつけた状態でジャンケンをする。
・勝った子が負けた子を追いかけ，安全ゾーンに逃げ込まれる前にしっぽを取れたら勝ち。逆に，負けた子は逃げきれたらセーフとなる。
・しっぽの代わりに体にタッチするという方法もある。

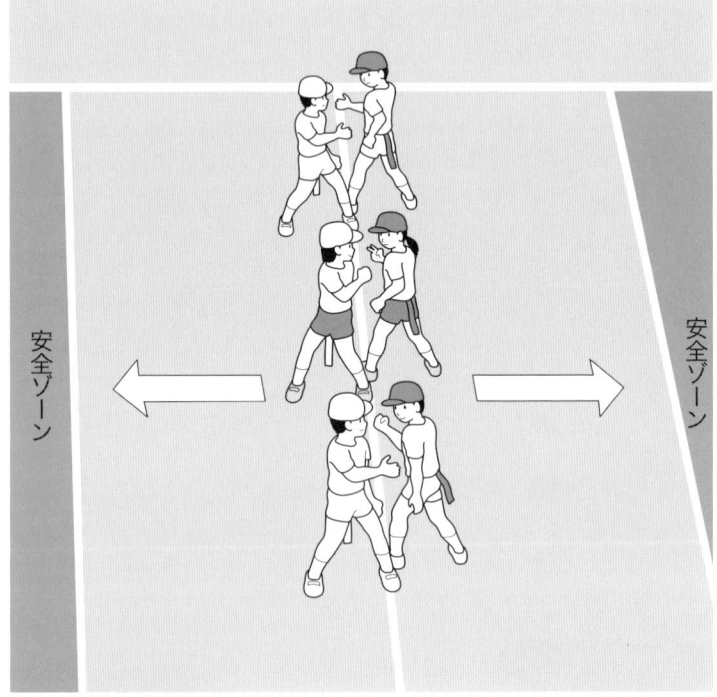

活動のポイント

・安全ゾーンまでの距離は，子どもたちの実態に応じて決める。
・同じくらいの走力の子と3〜4回行い，勝敗を決める。相手を変えて再度行う。
・逃げる場合は，前を見て真っ直ぐ走ることを徹底させる。
・一方をネコ，もう一方をネズミとして，教師がネコと言ったらネコの子が追いかけ，ネズミと言ったらネズミの子が追いかけるという「ネコとネズミ」というやり方もある。

基礎感覚を養う運動
ドラキュラ

しっぽとりからの発展で、走る方向を限定したゲームである。
途中にいるドラキュラに血を吸われて自分もドラキュラになってしまわないように、相手をかわしながら反対側のラインまで走る。最初たくさんいた仲間も何度か走っているうちにどんどんドラキュラになっていくので、最後まで生き残れるように頑張るところに面白さがある。

ゲームのやり方

- ジャンケンで"ドラキュラ"を5～10人決め、赤帽子にする。
- "人間"はラインに並び、教師の合図を待つ。
- 教師の合図で、反対側のラインまでしっぽを取られないように、ドラキュラをかわしながら走る。反対側に着いたら全員が渡りきるまで待つ。
- しっぽを取られた人間は、帽子を赤にしてドラキュラとなる。
- 再び教師の合図で、元のラインまで走る。何度か繰り返して残りが10人程度になったら「生き残りおめでとう！」になる。

ドラキュラ対人間

よーい、ドン！

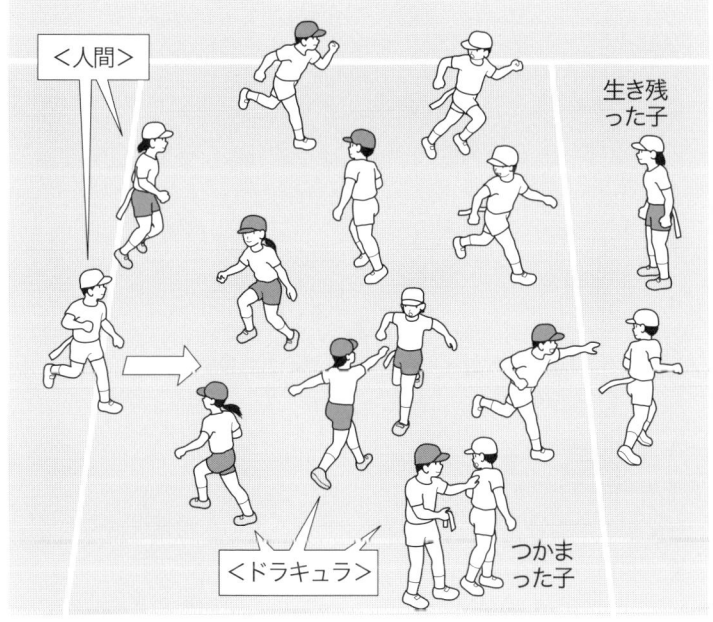

活動のポイント

- なかなかスタートをしない子に対しては時間制限を設け、教師が10カウントして時間内にスタートさせる。
- 生き残った人間のなかから次のドラキュラを決める。
- ぶつかることもあるので、なるべく広いコートを準備する。周りをよく見てスピードをコントロールしながら走るように指導する。

ドラキュラが増える

生き残れた人間、万歳！

基礎感覚を養う運動
宝はこび

途中にいる鬼にしっぽを取られないようにしながら，相手の陣地の奥にある得点ゾーンまで宝を運ぶゲームである。相手をかわしながら走り進んでいくところに面白さがある。

ゲームのやり方

・5～6人でチームを作り，一方のチームが相手の鬼をかわしながら自分の陣地から紅白玉（宝）を運んでいく。
・途中で宝を落としたりしっぽを取られたりした場合は，スタートラインに戻ってやり直す。
・一定時間（2～3分）で攻めと守りを交代する。
・紅白玉（宝）を多く運んだチームの勝ち。

宝を持って，よーい！

鬼は広がって

やった！成功だ！

早く戻って次の宝を！

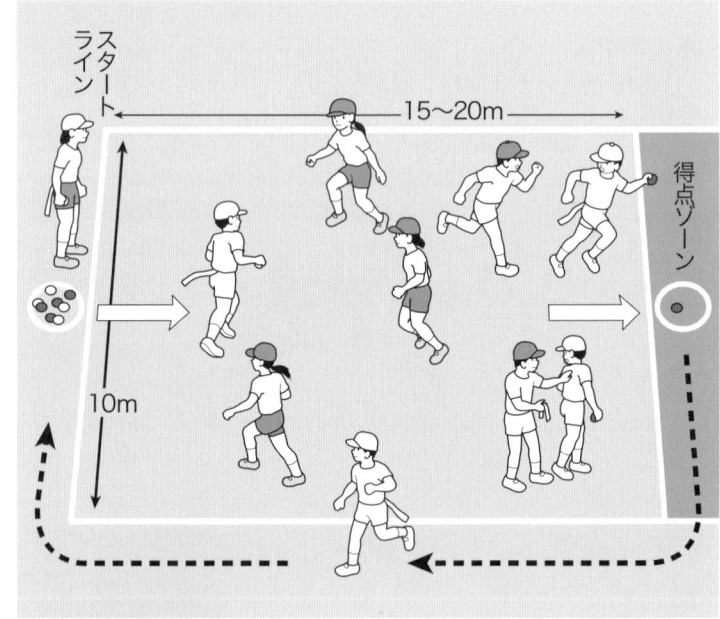

活動のポイント

・短距離走の記録を元に，なるべくチームの力が均質になるようにチーム作りをする。
・口論などのもめ事が起きたら，ジャンケンで決めさせる。
・鬼の立つ位置など，作戦を考えさえる。
・1人が鬼を引きつけるといった，協力する作戦を考えさせる。
・チームとしての駆け引きの楽しさを味わわせたい。
・すり抜け方の上手な子の動きを見せ，参考にさせる。
・リーグ戦や入れ替え戦，トーナメント戦など，ゲームのやり方に変化をつける。
・コートの広さは，子どもの人数や実態に応じて変える。

基礎感覚を養う運動
アウト・セーフ

　スタートの合図に対する反応を高めたり，スタートの際の敏捷性を育てる運動である。「セーフ」「アウト」と単純ではあるが，子どもたちは何度でも喜んで取り組む。

ゲームのやり方

・班や列など5〜10人程度の人数で，教師の合図により一斉にゴールラインに向かってスタートする。
・スタートの姿勢は，立位・長座・体育座り・仰向け・うつ伏せなど，変化をつけて行う。
・教師はスタートの合図の後，子どもたちの足の速さを考えながら，「5・4・3・2・1，セーフ！（アウト！）」とカウントし，懸命に走るようにタイミングよくコールする。

長座での「よーい！」

仰向けでの「よーい！」

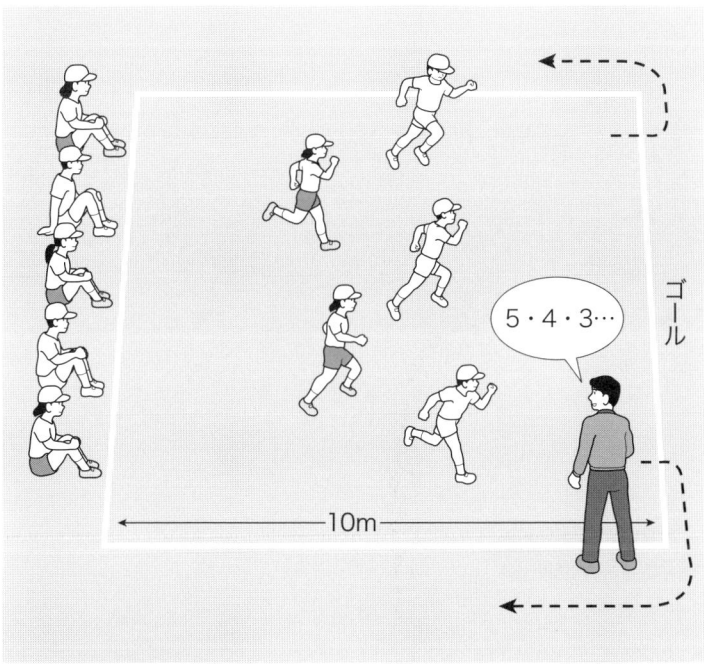

ドン！

活動のポイント

・全体的には，クラスの全員がセーフになるようにコールする。
・伸ばしたい子がギリギリでセーフかどうかのタイミングでコールすると懸命に頑張る。
・たまに「アウト！」を入れるとよい。
・起き上がり時の手の使い方や，足の引きつけ方のよい子をモデルとして見せ，その場からの起き上がりを全員でやってみる。
・スタートラインに戻るときは，安全面に配慮して，次の組が走ってくる間を通らず，ラインの外側を回って戻るようにさせる。

セーフ！

基礎感覚を養う運動

けんけんリレー

片足けんけんによる一定距離の折り返しリレーを行う。走能力につながる膝の引き上げや地面への強いキックといった脚力を自然に身に付けることができる。

よーい！ドン！

ゲームのやり方

・班や列など4～5人程度のチーム対抗で行う。
・合図でスタートして，折り返して戻った子は次の子に手タッチをする。
・チームで最後の子が戻ってきて，全員が並んで座った順番で順位をつける。
・距離は10m程度として，2～3回戦行う。

けん・けん・けん

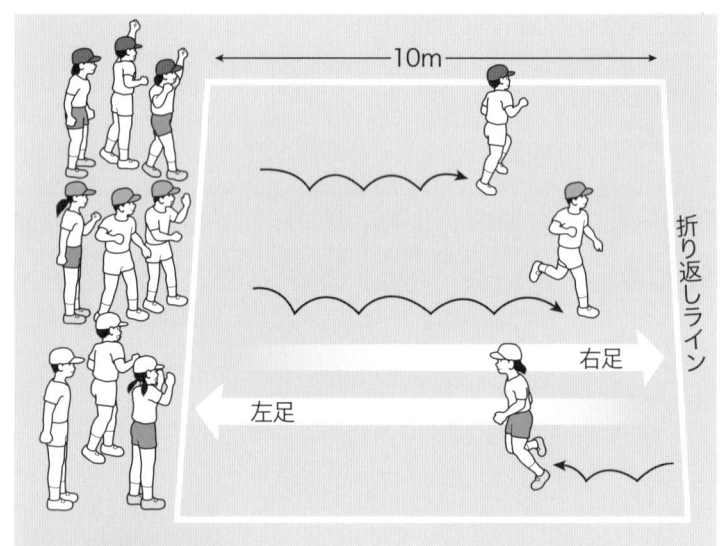

戻るときは反対足

活動のポイント

・短時間で終わるので，1回の授業で2～3回行い，継続して扱う。
・大股走やスキップなどのような運動と，いくつか組み合わせて扱うとよい。
・子どもの運動に合わせてリズム太鼓をたたくと，雰囲気が盛り上がる。
・1回ごとに左右の足を変えてもよいし，行きは右足，戻りは左足にしてもよい。むかえタッチでタッチをきちんと行わせる。
・ゴールの順位を明確にし学習の雰囲気を盛り上げるために，最後の子がゴールしたら全員が座り，大きな声で「はい！」と言って手を挙げる約束にしておく。
・一定距離を何回で行けるか挑戦させ，回数の少ない子の動きを見せて，膝の引き上げや反対足の振り上げを意識させる。

むかえタッチ

基礎感覚を養う運動

後ろ向き走

けんけんリレーと同じように，後ろ向き走を折り返しリレーの形で行う。はじめに後ろ向きでスタートし，一定距離まで走ったら前向きで走って帰り，次の人にタッチする。後ろに腕を振る感覚が自然と身に付けられ，腕振りの習得に有効である。

ゲームのやり方

・班や列など4～5人程度のチーム対抗で行う。
・合図でスタートして，折り返しの位置まで行ったら戻って次の子とタッチする。
・チームで最後の子が戻ってきて，全員が並んで座った順番で順位をつける。
・距離は10m程度として，2～3回戦行う。

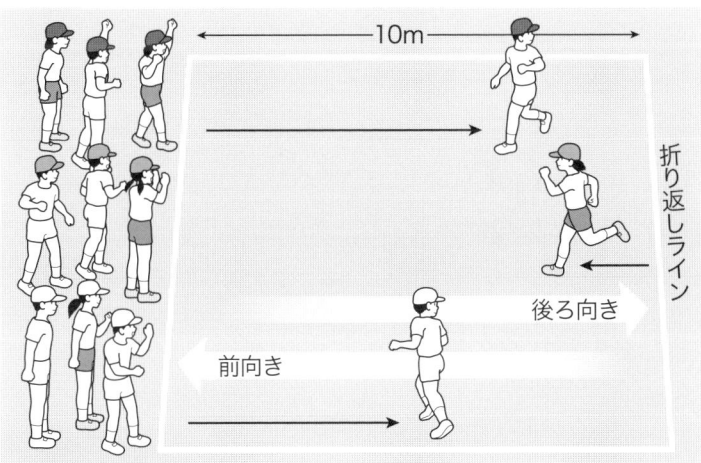

活動のポイント

・最初は後ろへの転倒を防ぐために，腰を低くして少し前かがみで走らせる。慣れてきたら少し高い姿勢でも大丈夫である。
・ゆっくり走らせ，腕の振りのよい子の真似をさせる。
・前方向に折り返すときには，素早く踵で地面を踏んで折り返す（つま先は少し外側を向く）。
・短時間で終わるので，1回の授業で2～3回行い，継続して扱うとよい。
・子どもの運動に合わせてリズム太鼓をたたくと，雰囲気が盛り上がる。
・ゴールの順位を明確にし学習の雰囲気を盛り上げるために，最後の子がゴールしたら全員が座り，大きな声で「はい！」と言って手を挙げる約束にしておく。
・アウト・セーフの形で扱ってもよい。

少し前屈みで

慣れたら高い姿勢で

素早く踵で踏んで折り返す

終わったら手を挙げる

基礎感覚を養う運動
グリコジャンケン

ジャンケンの偶然性を生かしながら、大股走・片足踏み切り両足着地の感覚を身につけることができる運動である。

ゲームのやり方

・2人組になり、スタートラインでジャンケンをする。
・勝った子が、勝った「けん」（グー・チョキ・パー）の種類に応じて「大股走」で進む（グー＝3歩「グリコ」、パー＝6歩「パイナツプル」、チョキ＝6歩「チヨコレイト」）。
・一定の距離（10～20m程度）を折り返し、折り返しラインまで行ったら1点。折り返しラインからスタートラインまで戻ったら2点と点数を加えていく。
・一定時間内でたくさん点数のとれた子の勝ち。

ジャンケン、ぽい！

「パ・イ・ナ・ツ・プ…

ル！」両足着地！

よし、1点！

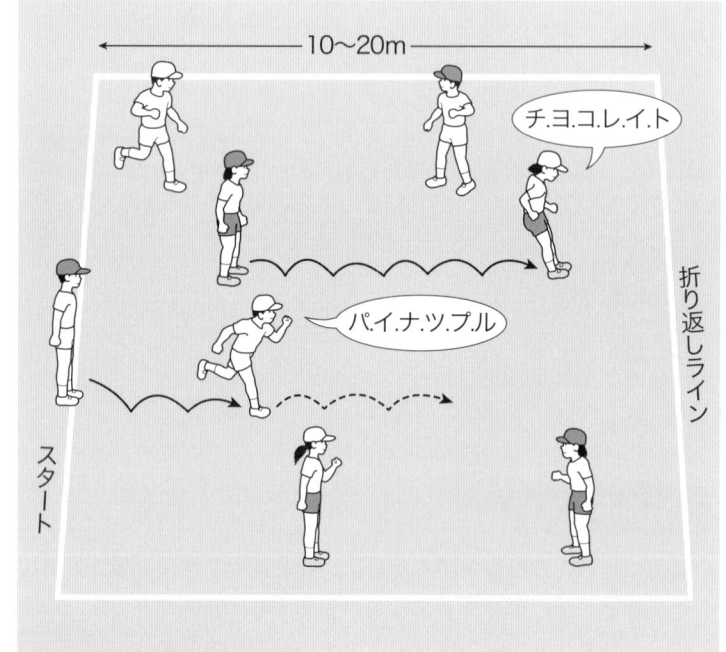

活動のポイント

・最後の1歩は、必ず両足着地をするように指導する。
・スタートを対面式で行ったり、1組の人数を3人に増やしたりしてもよい。
・歩数が少なく、大股で跳んでいる子の動きを見せ、自分が一定距離を何歩で跳べるか挑戦させると、自分の一歩一歩の距離に目が向く。
・大きな動作で跳ぶためには、手の振り上げと手と反対の脚の振り上げが必要なことに着目させる。

基礎感覚を養う運動

ジャンプリレー

4～6人が組になって，長座の姿勢になった子の脚の上や小さく身を屈めた子の上を両足跳びで越えていき，一定距離を速く跳び終えたチームの勝ちとする運動である。

ゲームのやり方

・4人組であれば，そのうちの3人が長座の姿勢をとり，1人が跳んでいく。3人を跳び終わったら，少し離れて長座の姿勢をとる。
・長座になっていた最初の子は，自分が跳ばれたらすぐに立って自分も両足跳びで跳んでいく。
・10～15m程度の距離で勝敗を決める。
・最後の子がゴールラインを越えたら，全員が走ってスタートラインへ戻り，座って手を挙げた順番で順位をつける。

連続でジャンプ！

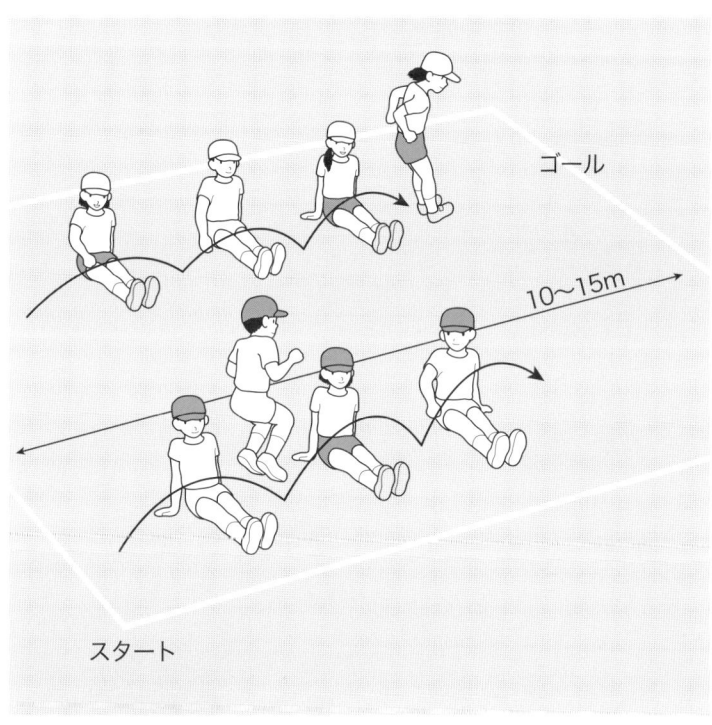

次の人もすぐに出る

足を開いてもよい

活動のポイント

・座った子どうしの間隔（60～80cm程度）が近すぎたり遠くなりすぎたりしないよう，最初に1つのグループに跳ばせてみてから行うとよい。
・長座の場合は脚を閉じた状態と開いた状態の両方の動きを扱える。丸まった姿勢で跳ばせてもよい。
・勝ったチームは1mずつ後ろからスタートするハンディラインを設けてもよい。

丸まった姿勢でもよい

基礎感覚を養う運動

立ち幅跳び

両腕を大きく後ろから振り，膝を曲げた姿勢からどこまで跳べるか挑戦したり，他の子とどちらが遠くに跳べるか競争したりする運動である。

ゲームのやり方

・ラインにつま先を合わせて立ち，2～3回腕を振ってどこまで跳べるか挑戦してみる。
・帽子を置いたり，チョークでラインを引いてどちらが遠くへ跳べるかを競争する。
・1対1の個人競争やグループ内で誰が一番遠くへ跳べるか競争する。
　2グループで1対1のグループ競争を行い，得点化して勝敗を決めるなど，いくつかの競争の仕方が工夫できる。

大きく腕を振って

屈みながら腕を後ろへ

斜め前へ腕を振り上げる

膝を曲げて両足着地

活動のポイント

・遠くへ跳べる子をモデルとして見せ，遠くへ跳ぶポイントとして次のような点を意識させる。
　①大きく後ろから斜め前へ腕を振り上げる。
　②低い姿勢からの腕の振り上げと膝の曲げ伸ばしのタイミングを合わせる。
　③着地は膝を曲げ，両足をそろえて柔らかく。
　④下を見た"つんのめり姿勢"にならない。
・跳び箱の上からの跳び比べをすると，身体が浮く感じがつかめる。
・両足跳びを発展させ，その場からの片足踏み切り，両足着地でどのくらい跳べるか挑戦させてもよい。

基礎感覚を養う運動

足し算跳び

　2～4人のグループで対抗戦を行う。1人が立ち幅跳びを3回連続で行い、その続きを次の子が跳んで、グループ全員の合計距離を競うゲームである。連続したジャンプにより脚力が鍛えられる。

ゲームのやり方

・2～4人のグループをつくり、ジャンケンで順番を決める。
・最初の子がスタートラインから立ち幅跳びを3回連続して行う。
・最初の子が3回跳んだ踵の位置にしるしをつける。
・次の子が踵のしるしから、同じように立ち幅跳びを3回連続して行う。
・最後の子が跳んだ合計距離で勝敗を決める。

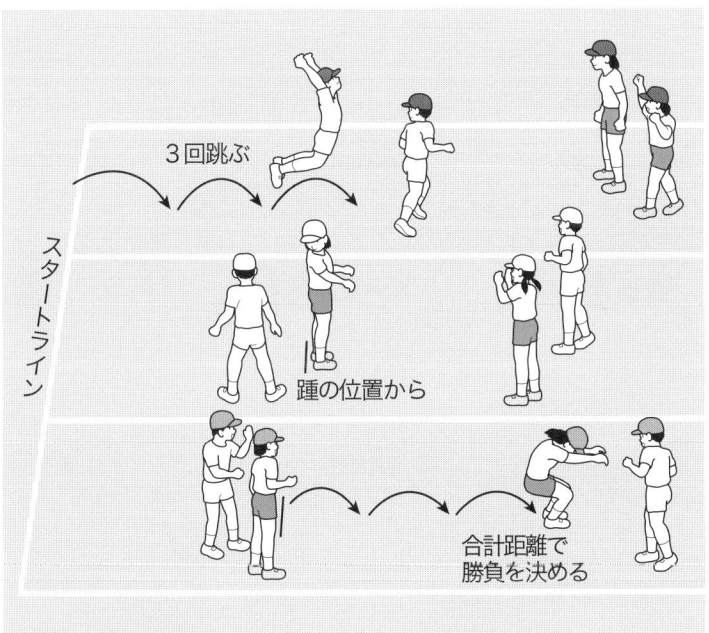

ジャンケン、ぽい！

1・2・3 ！

次の人は、踵から

活動のポイント

・1回ごとの立ち幅跳びではなく、連続した立ち三段跳びをさせる。
・連続して跳べる子は、手を大きく振り上げていること、着地の際はしゃがみきってしまわずに、すぐに次の跳躍に入っていることに気付かせる。
・2～3回同じグループと競争したら、別のグループと競争させる。勝ったチームどうし、負けたチームどうしで行う方法や、身長順のチーム、生活班での勝ち上がり方式といった工夫ができる。
・あまりにグループ間に差がある場合は、話し合ってハンディを設けてもよい。

勝ったチームは万歳！

基礎感覚を養う運動
とび箱リレー

腕を振って大きく跳ぶ

遠くへ着地

助走からまたぎ越し

片足での踏み越し

とび箱を使って，またぎ越したり踏み越したりしながら，折り返し形式でリレーを行う。

ゲームのやり方

・4～5人が1組になって行う。
・最初の子がとび箱の上に立ち，スタートの合図で，両足でジャンプ，両足で着地して一定距離を走って戻り，次の子にタッチする。
・2番目の子はとび箱の上に立って待ち，タッチしたら跳ぶ。
・最後の子が戻ってきて，全員が座って手を挙げたのが早いチームの勝ちとする。

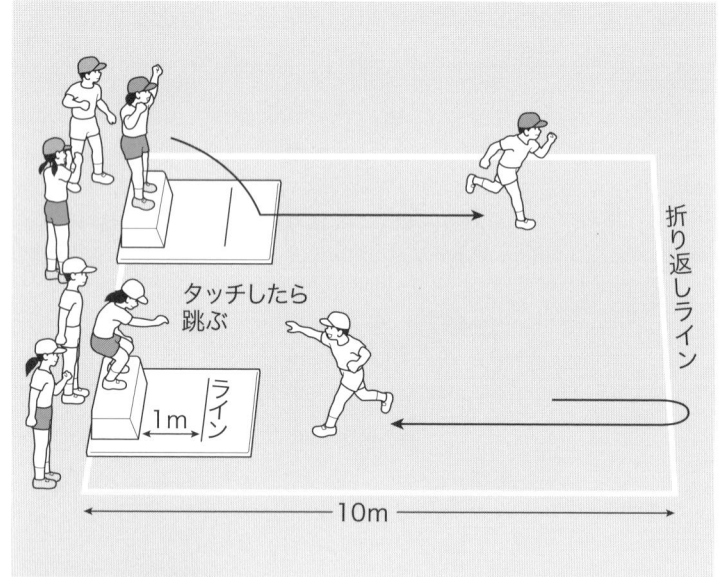

活動のポイント

・両足ジャンプでは，小さく跳ばないようにチョークで1m程度のところにラインを引いておき，それを越えて跳ぶようにさせる。円を描いて着地位置を指定してもよい。
・空中での位置感覚やバランス感覚など，身体操作の基礎感覚を養うことができる。
・活動の変化として，とび箱を途中においてまたぎ越したり，片足で踏み越したり，空中でいろいろな動作をしたりする方法もある。着地も片足・両足のどちらかを指示して変えてもよい。
・着地の際，安全に着地できるように足の裏から着地することを強調する。
・グループ間に差がある場合には，スタートのハンディラインを設けてもよい。

II. 走る運動

走る運動 1. 短距離走
スタート

運動のポイント

前足に体重をかけ前傾姿勢をとる　　肩の力を抜いて，　　　　　　地面を強くキックして，
手は卵を握るような気持ちで軽く　　合図に集中する　　　　　　　腕を大きく振る

つまずく動き

「よーい，ドン！」で体を起こしてからスタートする　　　　　立ったままの高い姿勢（右）
体を起こす時間のぶん，スタートが遅れてしまう

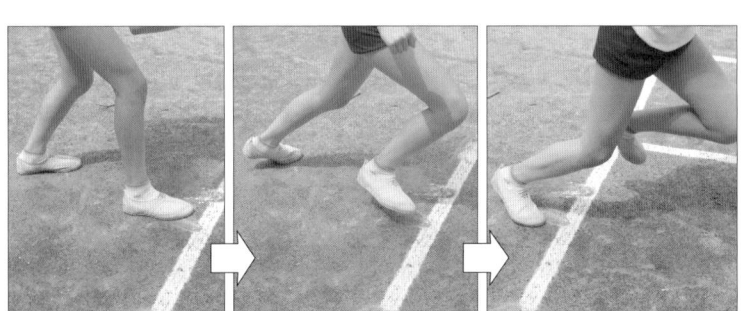

「よーい，ドン！」の合図で前足を踏み直してしまう　　　　　上体だけ倒し，膝が前にでない

小学生のうちは,スタンディングスタートのほうが速いことが多いようである。また,クラウチングスタートでは腕や上体で体重を支える必要があるが,小学生ではまだ支えきれないことが多いので,スタンディングスタートを中心に扱う。

最初の2〜4歩はキックを強く意識して

スピードが乗ってくる(5〜8歩程度)までは,ピッチをできるだけ速くして,低い姿勢から少しずつ体を起こす

指導のポイント

◆よいスタート姿勢と他の姿勢とを対比して見せ,意識させる。
◆頭の中で「1・2・3・4・5…」と数えさせ,スピードに乗るまで低い姿勢から徐々に体を起こしていく。できるだけ速く数えて,速く腕を振ることを意識させるとピッチが上がる。
◆スタート直後は,歩幅を大きくするのではなく,小股で速いピッチで。
◆15m走=スタートの意識を高め,スピードが乗るところまで競争。
◆いろいろな姿勢からのダッシュ=反応時間を高める。

いろいろな姿勢から起きあがって,すぐにダッシュ

◆片手つきスタート

片手をつき,前傾を意識させる

走る運動 1. 短距離走

ピッチとストライド

運動のポイント

脚を地面に蹴り下ろす

つま先で真下に踏みつけるように

踵をお尻に近づける

つまずく動き

腕を伸ばしたまま振ってしまい、ピッチが上がらない

後ろに反り返ってしまう

前傾しすぎて「く」の字になる

ピッチ（回転数）を意識するあまり、1歩が小さくてスピードが上がらない

ストライド（歩幅）を意識するあまり、1歩が大きくなりスピードが出ない

速く走るためには，単純に考えると，できるだけ速いピッチ（回転数）でかつ，できるだけ大きなストライド（歩幅）で走ることが大事である。また，走っているときには背筋を伸ばしたよいフォームを維持することも重要である。

腰を高く維持して　　　　　　　膝を前につき出す　　　　　　　足を素早く踏み換える

指導のポイント

◆前傾からのスタート

前に倒れ込み，ぎりぎりまで我慢して走る

◆よい姿勢を意識して，素早い腕振り

前傾になりつつよい姿勢
力を抜いてリラックス
腕を素早く振ると足も自然と速く動き，
ピッチが上がる

走る運動 1. 短距離走
腕の振り

運動のポイント

素早く振る

自分の指が見えるくらいまで振る

つまずく動き

肘を伸ばしたまま振る

肩に力が入りすぎて左右に振る

腕を引かずに身体の前で振る

歯を食いしばって，肩に力が入りすぎてしまう

低学年の子ほど腕が伸びてしまったり，振りが小さかったりする。中・高学年の子でも左右に振ったり，手を強く握りしめて走る子もいる。肩に力を入れすぎず，リラックスした状態で手を大きく振ることは，短距離走の指導のなかで大切なポイントであり，子どもが意識できることでもある。うまく振れている子とそうでない子との対比も有効である。

肘を後ろに引き上げ，上腕と体幹が直角ぐらいになるまで引く

身体のそばで振る

指導のポイント

◆肘を伸ばした腕振りと肘を曲げた腕振りとの対比

伸ばした状態では素早く振れず，走りにくいことに気づかせる
正面・横から子どもどうしで観察し合う

◆手を後ろに組んで走る

腕を使わないと上手に走れないことに気づかせる

31

走る運動 1. 短距離走

視線・ゴール

運動のポイント

正面を見て走る

ゴールの先の1点を見つめて走る

ラインの上かすぐ横を走る

つまずく動き

隣のコースに入ってしまう
蛇行して走る

顔を左右に振ってしまう

横を向く

あごが上がる

下を向く

速く走るためには，ゴールまでまっすぐ走ることが大切である。しかし，意外に，コースの中をくねくね曲がりながら走っている子が多い。視線を一定にすることでまっすぐ走れるようになる。また，ゴール手前で安心してスピードを落とす子も多いので，ゴールの先まで走ることを意識させる。この2点を意識するだけでタイムが上がる子も多い。

ゴール前を走り抜ける

ゴールの先にコーンを置いたりラインを引いたりして，フィニッシュの目標として走る

ゴール前にスピードを落としてしまう

上体が立った姿勢になる

走る運動 1. 短距離走

紅白対抗戦

行い方のポイント

紅白に分ける

よーい，ドン！大きな声で応援。
「がんばれー！」

コースは2コースか4コース
50m程度の直線

コースの横に応援席ラインを引いておく

①クラスを紅白の2チームに分ける

　分け方は，ジャンケンの勝ち負けや偶数奇数といった多様な観点で行い，同じ方法ではやらないようにする。例えば，1回目は出席番号の偶数奇数，2回目は生活班の偶数奇数などと，1回1回異なるチームになることで勝敗がわかりづらくなり，何度も取り組むことができる。

②コースの両側に沿ってチームごとに座らせる

　それぞれの側から応援をさせることで雰囲気が盛り上がる。応援に夢中になってコースへ侵入してしまい走者とぶつかる危険を防ぐために，応援席ラインを引いておく。

　同時に走るのは，2人か4人。順番は，子どもたちに決めさせてもよいが，偶然並んだ順番であるとか，早く並んだ順番といった工夫もできる。

低学年や短距離走の単元の導入としても簡単に扱える単純な教材である。この教材では，最初の記録を楽しみながらとるために数回行えば十分であると考える。
　短距離走での約束事（走っている人を応援する，コースには絶対に入らない，待っているときは指定の場所で，等）を確認しながら進めることが大切である。

2人（4人）で競争
ゴールで順位を判定

勝ち負けそれぞれのコーンの後ろに並ぶ

本当のゴールラインは引かず，ちょっと先に
引いておくと記録が伸びやすい

2人で走るときはコーンを2つ
4人で走るときはコーンを4つ準備

③教師は，ゴールに立ちスタートの合図を送る

　大きな声で合図を出してもよいが，帽子や旗を振り下ろすことを合図とするとよい。こうすれば，子どもがスタート時に真っ直ぐ前を向くことにもつながる。

　ゴールに近づいてきたときに声をかけると，子どもはがんばれる。

　記録（タイム）をとっておくと，後々さまざまな教材でチーム分けを行うときに便利である。

④順位を決定し，勝者を数えて，チームの勝敗をコールする

　ゴール地点に立ち，順位を判定する。2人のときは勝ち負けを，4人のときは順位を判定し，順位に従ってコーンの後ろに並ばせる。

　4人で競った場合，それぞれの組で勝敗を決め，トータルで勝ち組の多いチームを勝ちとする（1位2位か1位3位をとっていたら勝ち。1位4位か2位3位の場合は同点）。

35

走る運動 1. 短距離走

トップ入れ替え走

　紅白対抗戦と同様に，競争することで意欲を持たせる教材である。競争相手に勝ちたい・記録を伸ばしたいという意識が出てきたときに，走りのポイントに着目させることとなる。

行い方のポイント

4人並んでスタート

4人で競争

コースの横で応援

スタートしたら次の組が位置に着く

①走力が同じくらいの4人の子を走らせる

　50m走の記録（紅白対抗戦でとるとよい）をもとにして同じ程度の記録の子で4人グループを作る。最初はだいたい同じ程度の走力の4人グループでもよい。

　応援している子が夢中になってコースに入ってこないように応援ラインをつくり，常に留意しておく。

②1位2位の子の記録を計る

　同じくらいの速さの子になると計測が難しくなる。ストップウオッチを2つ使用してもよい。

　1位を先頭にラインの枠の中に座る。すべての組が終わったら，1位の子だけ立ちみんなの方を向いて拍手をしてもらう。そのまま上の（速い）組へ移動し，4位の子は同時に下の（遅い）組へ下がる。

同じくらいの相手と競争することになるので，繰り返し走る意欲につながる。ポイントを意識させて上手な走り方を身に付けさせたい。
　低学年では，身長順のグループ分けで始めても子どもはのってくる。繰り返し行うことで徐々に記録が近い者どうしになってくる。自分の最高記録に着目させると，達成感も持ててよい。

ゴールを判定

1位の子は起立，他の子から拍手をもらう
そのまま上の組へ移動

1位の子を先頭に並んで座る

整然と待機させるためのラインを引いておく

■入れ替えの仕方■

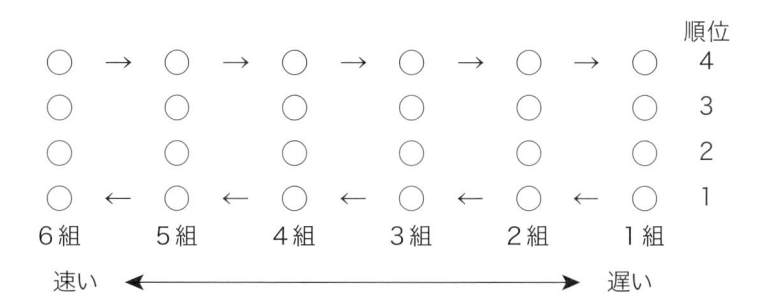

```
                                                          順位
    ○ → ○ → ○ → ○ → ○ → ○         4
    ○     ○     ○     ○     ○     ○         3
    ○     ○     ○     ○     ○     ○         2
    ○ ← ○ ← ○ ← ○ ← ○ ← ○         1
   6組   5組   4組   3組   2組   1組
   速い ←――――――――――――→ 遅い
```

走る運動 1. 短距離走
8秒間走

行い方のポイント

自分のスタートラインからスタート

自分の記録との競争

コースは5〜6コース準備
コースが多いほど運動量を保障できる

スタートラインは1mごと
2mごとで間を子どもが調整してもよい

①**スタート・ゴールの合図は教師の笛**
　カセットに録音しておいてもよい。
　過去の50m走の記録をもとにスタート位置を決めさせる。伸びが実感できるように2〜3m手前からスタートさせる。
②**合格したらスタートラインを下げる**
　2回同じ位置で合格したら，1つ後ろのスタート位置に動く（1回でもよい）。
　8秒間でゴールできなかったら1つ前のラインからスタートして，合格したら下がることにしてもよい。

※達成型のポイントは，自己の記録への挑戦であるが，得点化した記録をもとにグループでの得点競争にしても面白い。

■得点例（目標ラインに対して）

+2m	+1m	0	-1m	-2m
12点	11点	10点	9点	8点

8秒間走は，スタートから8秒後にゴールできるよう，各自がスタート位置を決めて競走する教材である。紅白対抗戦やトップ入れ替え走と比べ，競争の要素も含まれてはいるが，自分の記録への達成感をもたせることに比重がおかれている。少しでも後ろからスタートをしたいという意識が高まってきたときに，走りのポイントに着目させるとよい。

8秒でゴールに入れるか判定する
審判は交代しながらする

胸が入ったらゴール
ゴムに触れたかどうかで判定してもよい

判定をする審判を立たせる
ゴムのゴールテープを使用してもよい

スタートラインに帰るときは
コースの外から

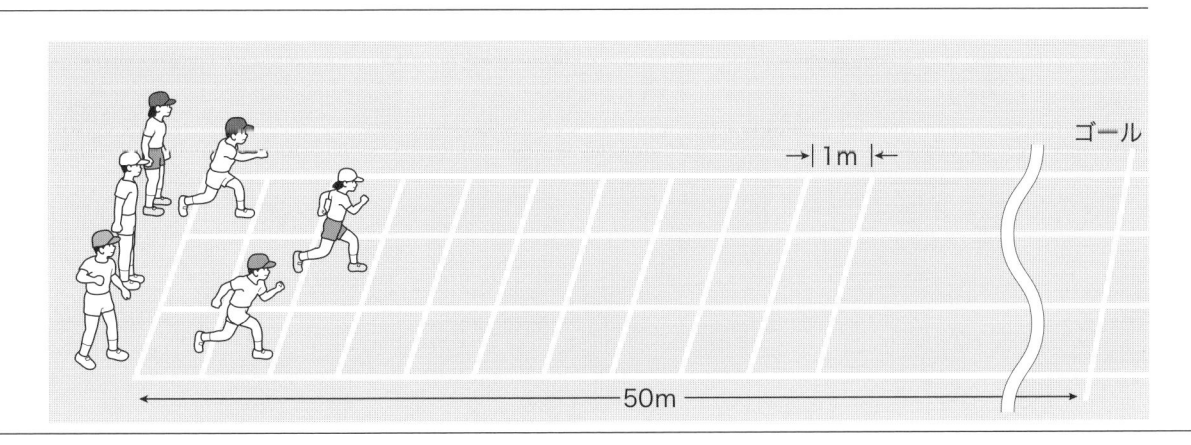

ゴール

→|1m|←

50m

走る運動 2. リレー

バトンの渡し方

リレーで最も大切にしなければならないことは、バトンパスである。バトンパスをするときに、どれくらい2人のスピードが出ているかがリレーの記録を伸ばすポイントとなる。

運動のポイント

バトンは左手　渡す相手を確認

追い抜くつもりで全力で走り抜ける

つまずく動き

バトンを渡すだいぶ前から腕を伸ばしたまま走る

バトンを短く持っている

バトンを渡すときに止まってしまう、ぶつかってしまう

走る位置が重なっている

理想は同じ程度の速さのチームを作ることだが，実際には思うようにいくことは少ない。自分のチームの記録に着目させ，最初の記録からどれくらいタイムを縮めることができるかという視点で取り組ませるとよい。

　さまざまなパスの仕方があるが，ここでは基本的なパスのポイントを示す。

合図を出して左腕を伸ばす

押し込むように渡す
取られるまで離さない

指導のポイント

◆合図を出す声のタイミング

◆バトンは一番下を持つ

ハイ！

普通に腕を振っていて「ハイ！」の合図で左腕を伸ばす

パスがしやすくなる

◆バトンを渡す位置を2人であらかじめ決めておく

◆バトンを渡すときはコースの右側

「ハイ！」の合図で「腰の位置」か「肩の位置」でパスすることを打ち合わせておく

タイミングが違ってもぶつからない

41

走る運動 2. リレー

バトンのもらい方

運動のポイント

走り出しの位置を確認し，前の走者を見る

前の走者が走り出しの位置まで来たら全力疾走（追いついてくれるのを信じる）

つまずく動き

後ろ向きの姿勢のままもらう

スピードがなく，歩くようにもらう

渡す人がもらう人を見失う

スタートが遅く，もらった相手に抜かれたり・ぶつかったりする

バトンを探してしまう

バトンパスを受ける方は，テークオーバーゾーンを越えてしまわないか不安になる。ついつい後ろを振り返ってしまいがちなので，相手を信じて振り返らずにパスができるように何度も取り組む必要がある。
中学年では手を後ろに向けて，後ろを見てもらうバトンパスの方が確実な受け渡しができることが多い。高学年であっても前を見て走ることは意外に難しいので，何度も取り組む必要がある。

合図が出たら，右腕を後ろへ伸ばす
手のひらを上に向ける

バトンに触れたらしっかり握る
握ったらすぐに左手に持ちかえる

指導のポイント

◆「走り出しの位置」を確認し「前を向いて全力疾走」

・p.12「追いかけタッチ鬼」で２人の「走り出しの位置」を決める。
・全力で走ってもテークオーバーゾーン内で追いつかれる距離をつかむ。
・「走り出しの位置」に紅白玉を置いて２人の距離を探させてもよい。

◆一列で軽く走りながらバトンを前へ渡していき，先頭まで渡したらバトンを地面に置く。最後尾の子が拾い，もう一度。

◆前の走者が近づいてきたら名前を呼ぶ

43

走る運動 2. リレー

コーナーの走り方・リレーの作戦

運動のポイント

体を内側に傾け，全力で走る

右腕（外側の腕）を気持ち大きく振る
外側の肩を少し前に出す感じにする

つまずく動き

ふくらんでしまい，大回りになる

腕を振り回す

■サークルバトンパスリレー■

リレーでは，短距離走と違って，コーナーを走ることもある。リレー形式で楽しみながら曲線の走り方を習熟させたい。
① 2チームに分かれ，それぞれ反対側からスタートする
② ゾーン内でバトンパスをする
③ サークルは全力疾走

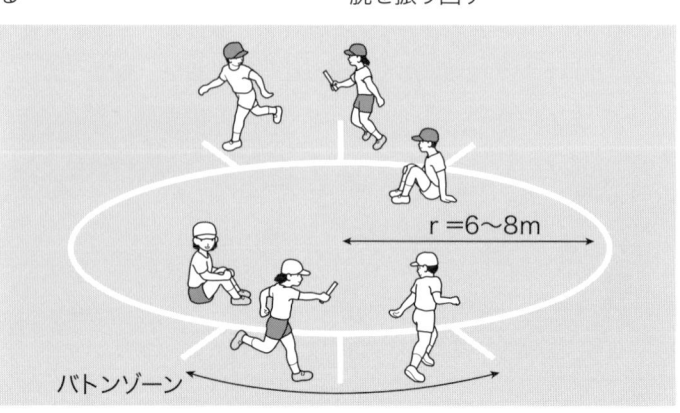

r = 6〜8m

バトンゾーン

どんなに速いバトンパスでも，2回に1回くらいしか成功しないようでは，本番で使えない。最初は，目で見て確実にバトンの受け渡しをすることも大切である。チームや順番が決まったら息が合うようにたくさん練習する必要がある。

　子どもたちにリレーの作戦を考えさせると，走る順番に意識がいきがちである。自分の前後の仲間と息を合わせることで，全力に近いバトンパスをする方向へ視点を移すように指導したい。

■リレーの作戦①（待つ位置）■
・バトン練習をする時間があまりなくても，短時間で効果を出す方法

＜速い子から遅い子へパスするときの位置＞　　　＜遅い子から速い子へパスするときの位置＞

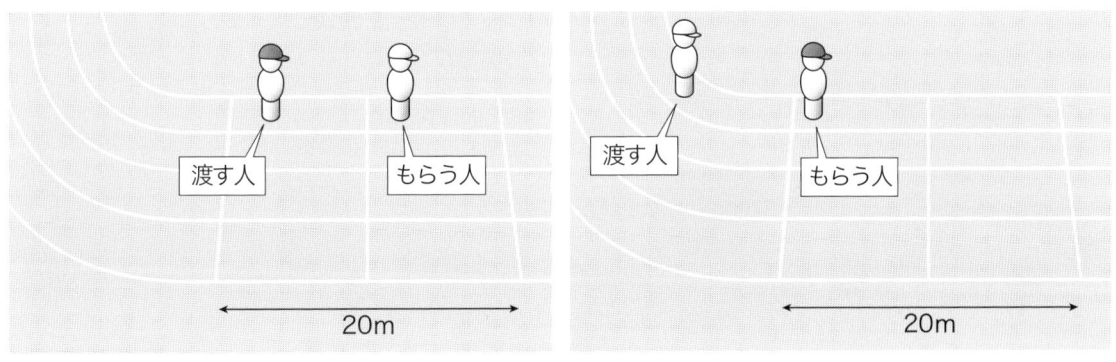

　テークオーバーゾーンは20mあるので，それを有効に使う。速い子の場合，ゾーンの最初の方でもらって最後の方で渡すと，110mちょっと他の子より長く走ることになる。逆に遅い子の場合，最後の方でもらって最初の方で渡すと80mちょっと走ればすむ。

■リレーの作戦②（順番）■
　相手を抜くためには，外側から抜かなくてはならない。コーナーになると，外側は走る距離が長くなるために不利になる。よほどの走力の差がないと抜くのは難しい。

　勝つためには，インコースを先に走っていた方が有利ということである。はじめのほうを速い人が走ることでインコースをとることができると，先行逃げ切りのチームにすることができる。

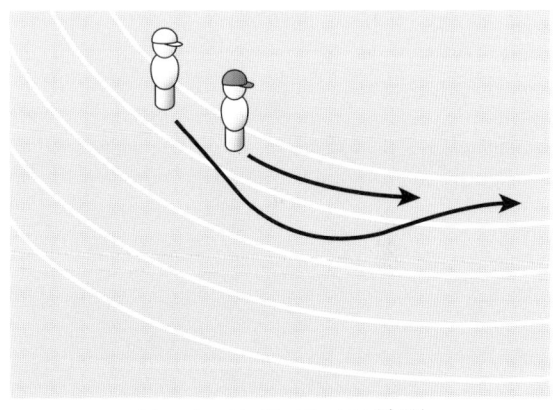

コーナーはインコースが有利

■リレーの作戦③（メンバーと順番の固定）■
　クラスでリレーをするときに，頻繁にチームのメンバーを変えたり順番を変えたりすることがある。しかし，リレーで最も重要なポイントはバトンパスであり，渡す子と受け取る子の息がぴったりと合うことである。

　何回か試して，メンバーと順番を固定して息が合うように練習することが大切である。

45

走る運動 2. リレー

回旋リレー（1・2年）・トラックリレー（3〜6年）

■回旋リレー■

合図でスタート

前を見て全力疾走

コーンは小さく回る

確実にバトンを渡す

行い方のポイント

①50m走の記録をもとに，均等なチームを作る。
②次の人以外は座って待つ。
　並んでいる人の後ろを回ってバトンを渡すなどのルールを決める。
③下図のように場を変化させていってもよい。
　コーンの間でバトンをもらえばよいこととする。

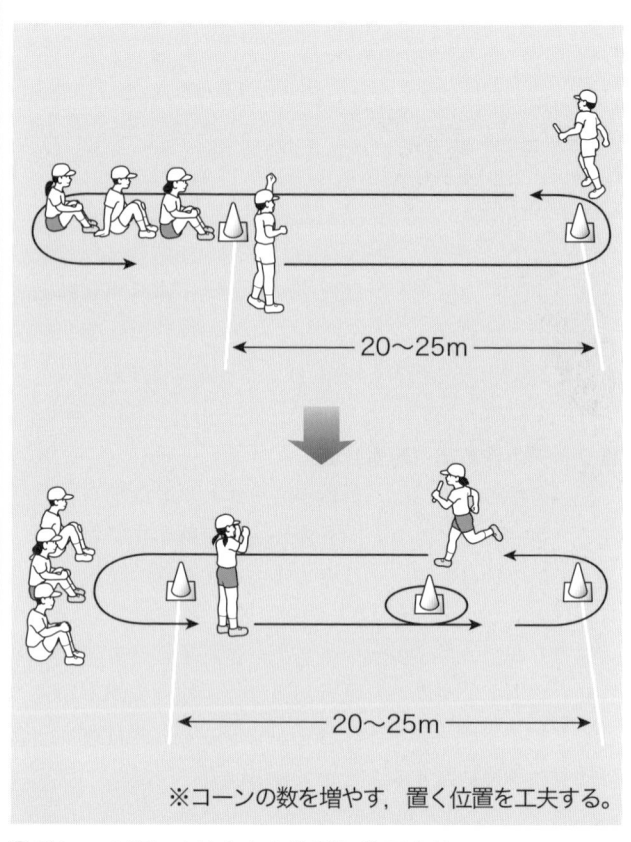

20〜25m

20〜25m

※コーンの数を増やす，置く位置を工夫する。

④バトンの渡し方やもらう位置に着目させる。

手を伸ばして片手で　　少し走ってもらう

まずは、ルールを守ってリレーを行えるようになることが大切である。また、転んだりバトンを落としたりといったことのないように意識させたい。

■トラックリレー■

スタートは集中して

全力疾走

ひきつけてからスタート

スピードののったバトンパス

行い方のポイント

①50m走の記録をもとに均等な偶数チームをつくる（できれば100m曲線走のタイムがあるとよい）。記録は、何度か計った中での平均タイムを使う。

②下図のようなトラックでリレーを行う。中学年であれば、半周リレーか小トラックでよい。1周リレーの方が全員が見られ、意欲が高まる。

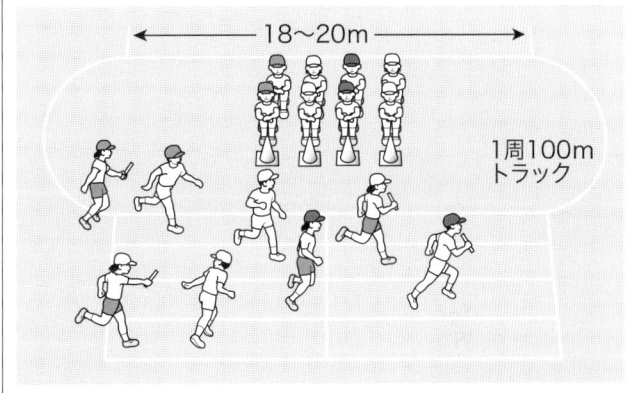

③高学年であれば、お互いのバトンパスを見合う時間をつくる。中学年では、コーナートップ、リードをすること、テークオーバーゾーンのどこに立ってもらえばいいのか、などを指導したり工夫させる。

④中学年であれば、下図のようなワープリレーなどを行い、勝敗の不確定性を保障する工夫もできる。

■ワープリレー■

負けているチームや、チーム内の1人だけがAコース（白スコーン）を走ってよいルールのリレー。ルールは子どもの実態に応じて工夫する。

47

走る運動 3. ハードル走

リズムよく走る

　ハードル走は，基本的には走力との関係が深い。しかし，ハードリングのロスを防ぐためには低く跳ぶ（またぐ）技術が必要となる。

運動のポイント

遠くから踏み切る　　振り上げ足を伸ばす　　1歩目を大きく踏み出す
　　　　　　　　　　つま先は上を向く

つまずく動き

第1ハードルに足が合わない　　　　ハードルごとに踏み切り足が変わる
第1ハードルまでのスピードがない　リズムがとれない

指導のポイント

◆倒したハードルでリズムよく

　右図のようなコースを設定して，3歩か5歩でリズミカルに走れるコースを見つけさせる。

　学年やクラスの実態によって場のインターバルは変更する。ハードリングの技術が向上するとインターバルが伸びる傾向があるので，途中の変更も認める。慣れてきたら，一番低い高さのハードルを立てる。

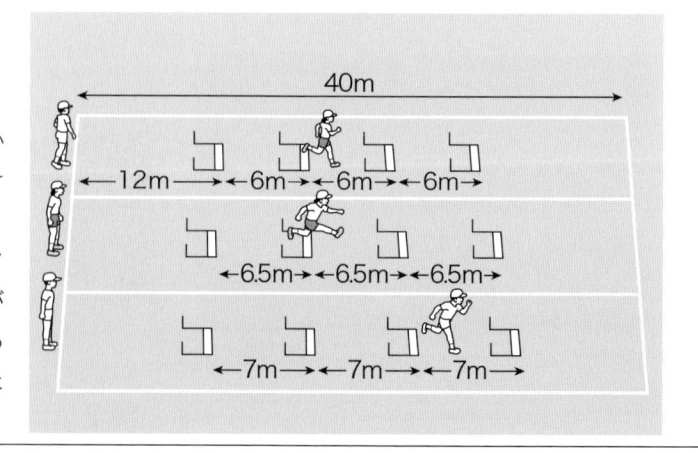

40m
←12m→←6m→←6m→←6m→
←6.5m→←6.5m→←6.5m→
←7m→←7m→←7m→

48

距離は40mとし，ハードルを最低3台，できれば4台を1コースに用意する。ハードルの高さは5年生では50cm程度，6年生では60cm程度が限度である。これ以上高くすると上に跳び上がってハードルを越えることになり，リズミカルに走る面白さが損なわれる。

3歩をリズミカルに走る　　トン・1・2・3（足のイメージ）　　　　　　　　　　　振り上げ足を胸に
　　　　　　　　　　　　パッ・しゅ・しゅ・しゅ（手のイメージ）　　　　　　　つけるように

指導のポイント

◆スタートの際，前足を確かめる　　◆第1ハードルまで全力で走る

第1ハードルまでに用いる歩数によって，スタートのときの前足が決まる。偶数歩の場合は1歩目が踏み切り足と反対足。奇数歩の場合は，踏み切り足が1歩目となる。

第1ハードルまででスピードにのっていないと，第2，第3ハードルでスピードが極端に低下して，リズムが合わなくなってしまう。

◆偶数歩（8歩）の例

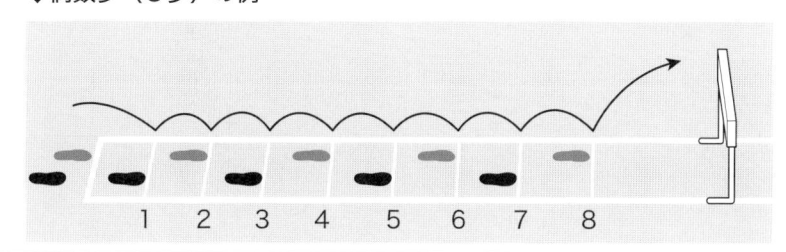

1　2　3　4　5　6　7　8

走る運動 3. ハードル走
踏み切りと着地

運動のポイント

遠くから踏み切る　　　　　　　　　　　　　　　ハードルの近くに着地

つまずく動き

スピードがなく，踏み切り位置が近いため，その場で上に跳び上がる 　　　スピードがあまりなく，足を横から回しこむ

スピードはあるが，膝を曲げて跳び上がる

50

ハードルでは遠くから踏み切り，近くに着地することが大切である。速く走れている子を見せると，踏み切り位置と着地位置の違いに気付きやすい。

指導のポイント

◆**踏み切り位置，着地位置のめやすを持たせる**

自分の踏み切り位置，着地位置を帽子や紅白玉などで確かめさせる。

◆**ラインを引く・リングを置く**

踏み切り位置の1.2m～1.5m程度手前にラインを引く。着地位置の80cm～1m程度のところにもラインを引いてもよい。

◆**踏み切りと着地の位置は，6：4をめやすとする**

身長や走力によって異なるが，おおよそのめやすにはなる。

◆**上半身の使い方や視線を意識させる**

・上半身を前へ倒して，高く跳ぶのを防ぐ。
・振り上げ足と反対の腕をつま先に向かって伸ばす。
・同時に，もう一つの腕を後ろへ思い切り引くと，上半身が前へしっかりと倒れる。

前の腕を伸ばして，反対側の腕を後ろへ引く

着地と同時に次のハードルを見る

走る運動 3. ハードル走

振り上げ足・抜き足・着地

インターバルを同じ歩数で走るには，着地でバランスをくずして1歩目が出ないと難しくなる。着地でのスピードが低下しないようにするために，正面や横からの相互観察や，1歩目のラインを意識させるこ

運動のポイント

足の裏を見せる
振り上げ足と反対の手を前に

正面からチェック

抜き足は横から地面と平行に

高い踏み切り姿勢

振り上げ足を強く振り下ろす

つま先から着地

抜き足を高く引き出す

着地の後の1歩目を強く

とが大切である。
　また，ハードルを越えるのが怖い子どもがいる場合，ハードルを低くしたり，ゴムハードル，塩ビ管ハードルといった教具を工夫するとよい。

つまずく動き

縦型　　　　　　　　　回し蹴り型　　　　　　　　ピョン型

スピードはあるが，抜き足の膝を後ろへ伸ばしている
低く越えると膝がハードルにあたる

横から振り上げ足を回し込む，踏み切り位置が近い，ハードルが高い，恐怖心がある，といった理由がある

遠くから踏み切り足を前に振り出さず，そのまま跳ぶ

指導のポイント

◆着地後の１歩目を強く

１歩目ののめやすになるラインを引く（1.8〜2m程度のところ）。
着地後の１歩目が安定していないと短く横に足をついてしまう。１歩目を強く意識する。

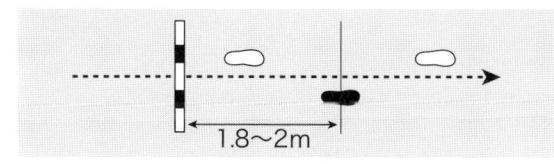

1.8〜2m　　　　　　　　　　　　　　　　1.8〜2m

走っているときと同じように前へ出す　　　短く横に着いてしまいがち

◆歩きながら振り上げ、抜き足の練習

走る運動 3. ハードル走

簡易ハードル（4年）・ハードルリレー（5・6年）

■簡易ハードル■

自分に合うインターバルを探す　　　　　　　　２人で競争・タイムを計る

行い方のポイント

①40mに４つの障害物を置く。
　　（例）カラーコーンとバー　　塩ビ管ハードル
②インターバルを５ｍと６ｍとにした２コースを準備する。
③自分に合うインターバルを見つける。
④50m走の記録と同じ記録に迫れるか挑戦する。グループの得点競争にしてもよい。
⑤同じくらいの速さの子と２人で競争する。

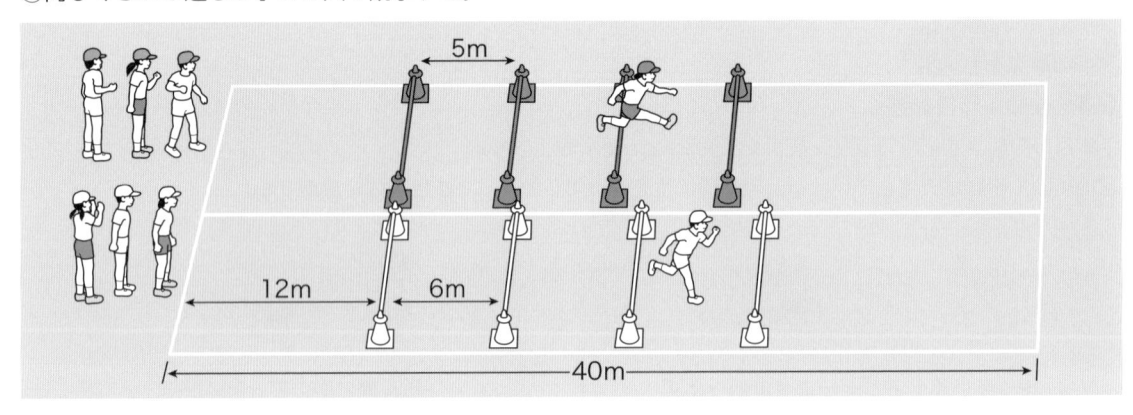

⑥下図のようなリレー形式にしてもよい。

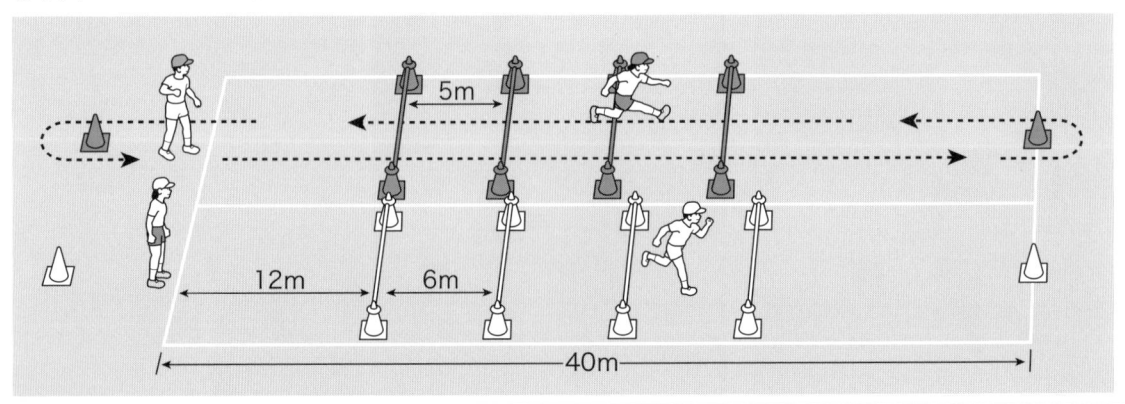

障害走は，記録の向上を目指す「達成型」や競走を楽しむ「競争型」のいずれの授業をも組織できる。ハードルを使った場合は，いきなり競争することは安全面からも難しいので達成的な扱いをしてから競争にもっていく方がよい。5年生で達成型，6年生で競争型にするなど，学年に応じた授業構成もできる。

■ハードルリレー■

合図でスタート　　　　　　　　　　　　　　コーンに先に入れた方が勝ち

行い方のポイント

①ハードル走の記録をもとにチームをつくる。
②スタートは円の中から。
③3つのコースのうち，それぞれが自分のインターバルに合ったコースを選んで走る。
④アンカーが真ん中に置いてあるコーンにリングバトンを入れる。先に入れたチームの勝ち。安全面を考慮して，ゴールのコーンを2つ準備しておいてもよい。
⑤2チーム対抗戦にして，競争をしていないチームには勝ち負けを判定させたり倒れたハードルを直させたりすると，スムーズにリレーが進行する。
⑥場づくりは，下図のように向き合った形にすると，走っている子が相手の位置を確認できるので，意欲を引き出せる。

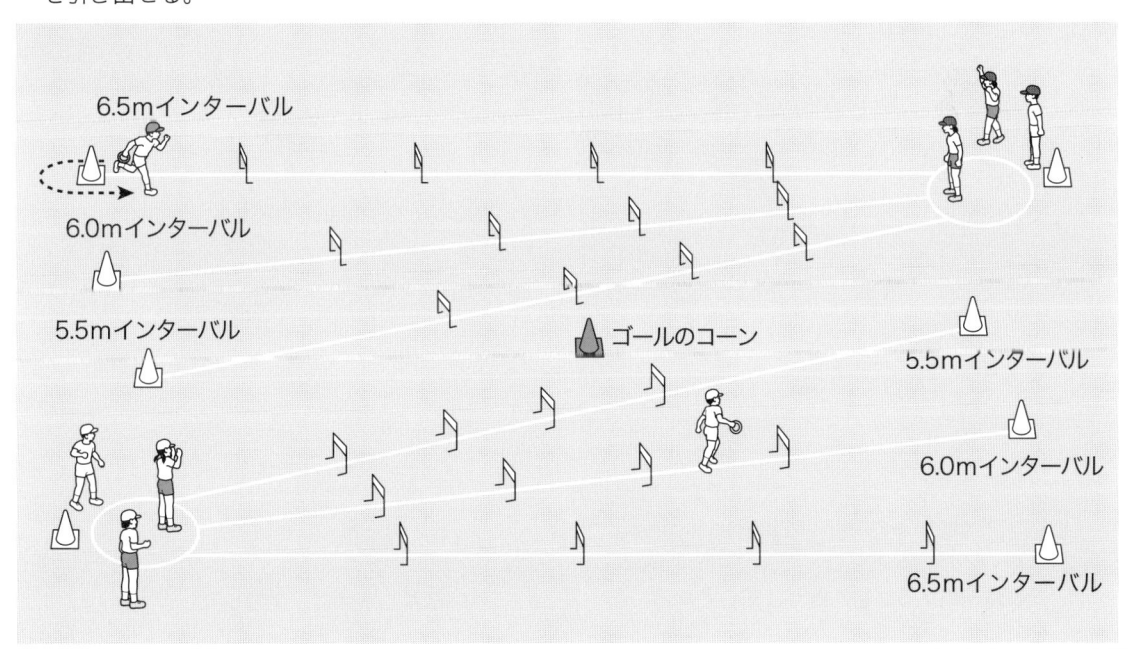

6.5mインターバル
6.0mインターバル
5.5mインターバル
ゴールのコーン
5.5mインターバル
6.0mインターバル
6.5mインターバル

走る運動 4. 中・長距離走

楽しんで走ろう

運動のポイント

大きな歩幅で
腕の振りは小さく

肩の力を抜く
着地したときに力を入れすぎない
自然な感じで地面を蹴る

つまずく動き

短距離走のように速く走り，苦しくなる
自分のペースがつかめない

前傾しすぎたり後傾してしまう

長い距離を走るのに一番大切なのは，走ることを楽しむことである。
自分のペースをつかむまでは辛くなるときもあるが，それを越えるとリズムに乗って走れるようになる。最初は無理をさせずに，おしゃべりをしていたらいつの間にか終わってしまったというような感じでよい。

上下動をおさえる

背筋を伸ばして少し前を見る

指導のポイント

◆友だちとしゃべりながら走る

◆呼吸でリズムをとる
「スー，スー，ハッ，ハッ」の4拍子（吸って，吸って，吐いて，吐いて）
吸うときは鼻か口，吐くときは口から
苦しくなったら，しっかりと息を吐く

◆ペースメーカーを決めて走る

友だちとペアで走り，おしゃべりをする
呼吸のリズムがとれるようになる

自分より少し速い人についていくように頑張る

走る運動 4. 中・長距離走

手と足の使い方

運動のポイント

手は軽く握って，少し前を見る
肘は自然な感じで曲げ，小さく振る

肩の力を抜く
膝は柔らかく，リズミカルに

指導のポイント

◆足と地面に着目

踵から着地　　　　　　　　　足の裏全体をつける　　　　親指の付け根，つま先で蹴るように

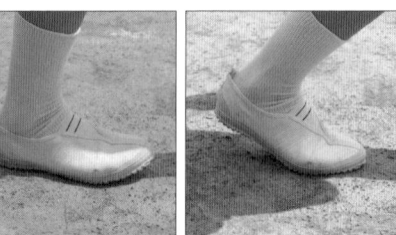

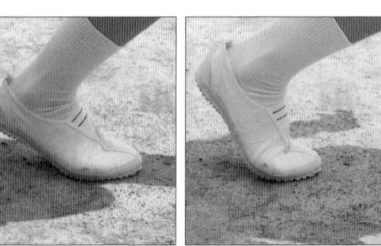

◆走った後に振り返り

楽に走れた　　　まだまだいける

走り終わったら，今のペースで走った感じを振り返らせる。
①とても苦しかった
②少し苦しかった
③楽に気持ちよく走れた
④遅すぎて，まだまだ行ける

　疲れを感じる段階を確認しておいて，次に走るときの参考にする。

58

持久走にはどうしても，辛いという感じのイメージがある。楽しく気持ちよく走れるようになるためには，最初に無理をさせないようにしたい。ゆっくり気持ちよく走れるペースを探すような指導を心がけたい。そのためには，力を抜いて自然な感じで走れるようになるとよい。

また，力がついていることを成果として子どもたちに実感させたい。時間や距離を固定して比較するとわかりやすい。

指導のポイント

◆時間走をする

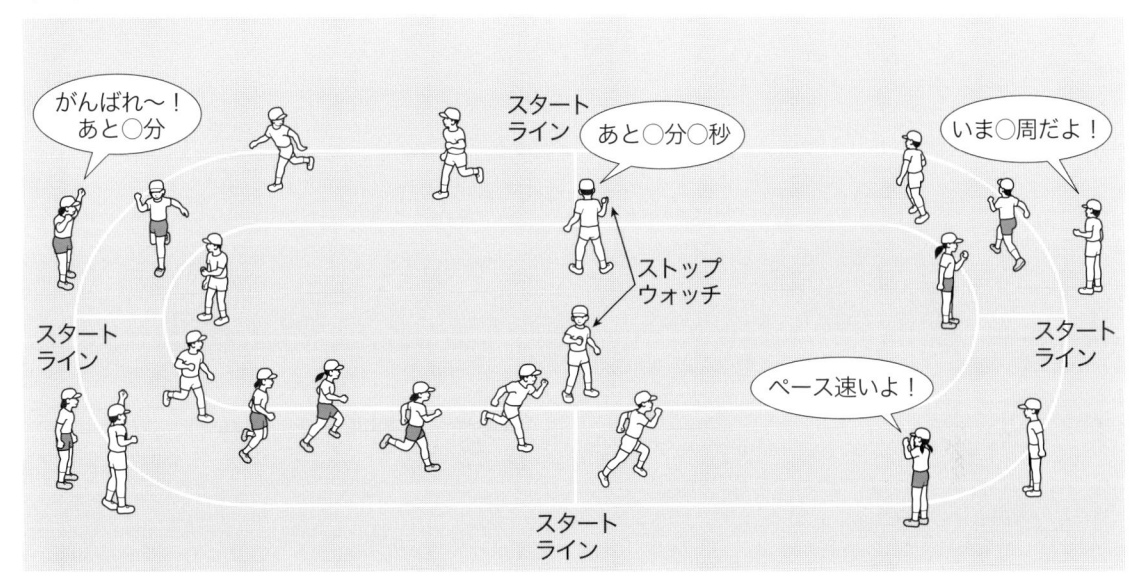

一定時間（3～5分間）にどれくらい走れるかを計っておく。
他の人との競争ではなく，自分のペースでどれだけ走れるかに挑戦する。
授業で何回か取り組んだ後，再び同じ条件で計る。

◆距離走をする

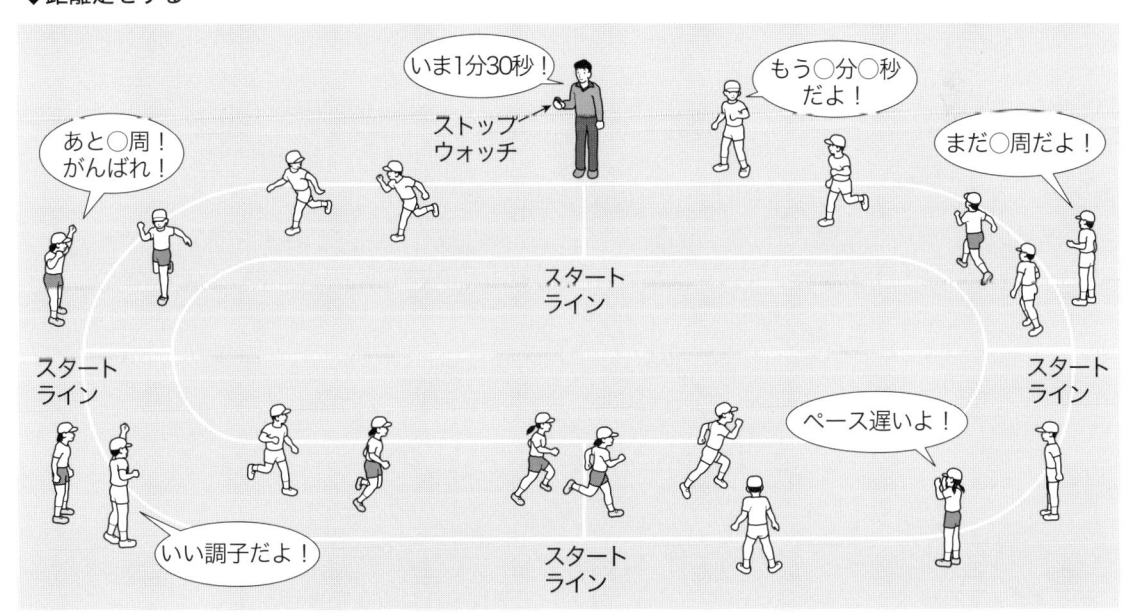

校庭を5周，10周などと決めて，何分で走りきれるかを計る。

走る運動 4. 中・長距離走

クロスカントリー

◆学校内を走る

校庭内の固定施設を回る。
目標となる固定施設を5つ決めて、そこを通るコースを走る。

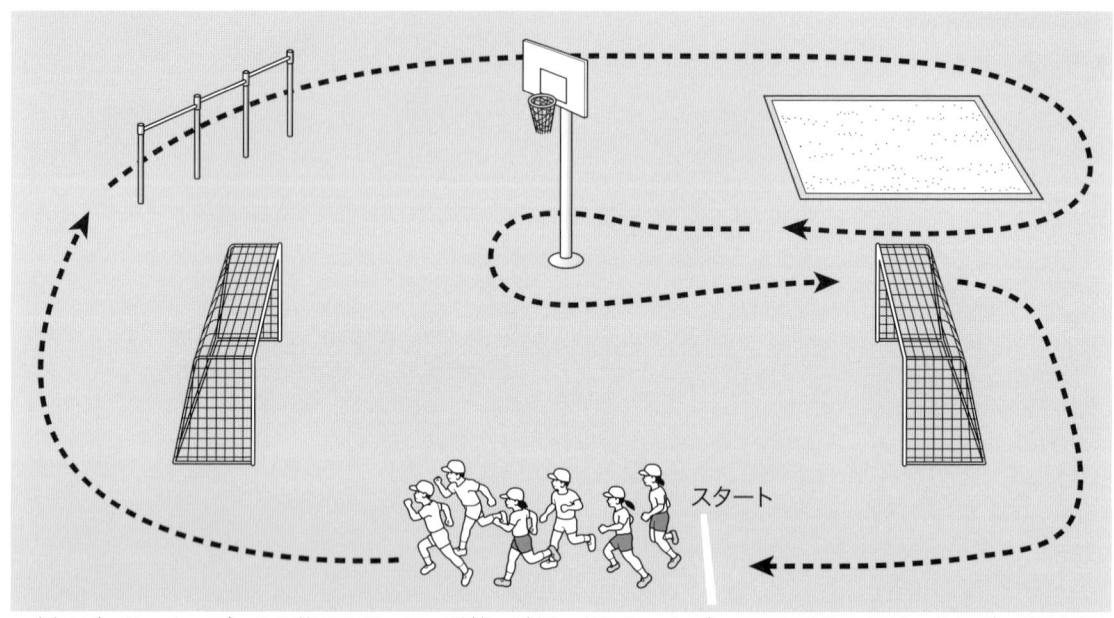

スタート

例えば、サッカーゴールの後ろを通って、鉄棒、砂場、バスケットゴール、もう1つのサッカーゴールと回ってスタートラインに戻ってくるなど、いろいろと考えられる。

◆子どもたちにコースを考えさせる

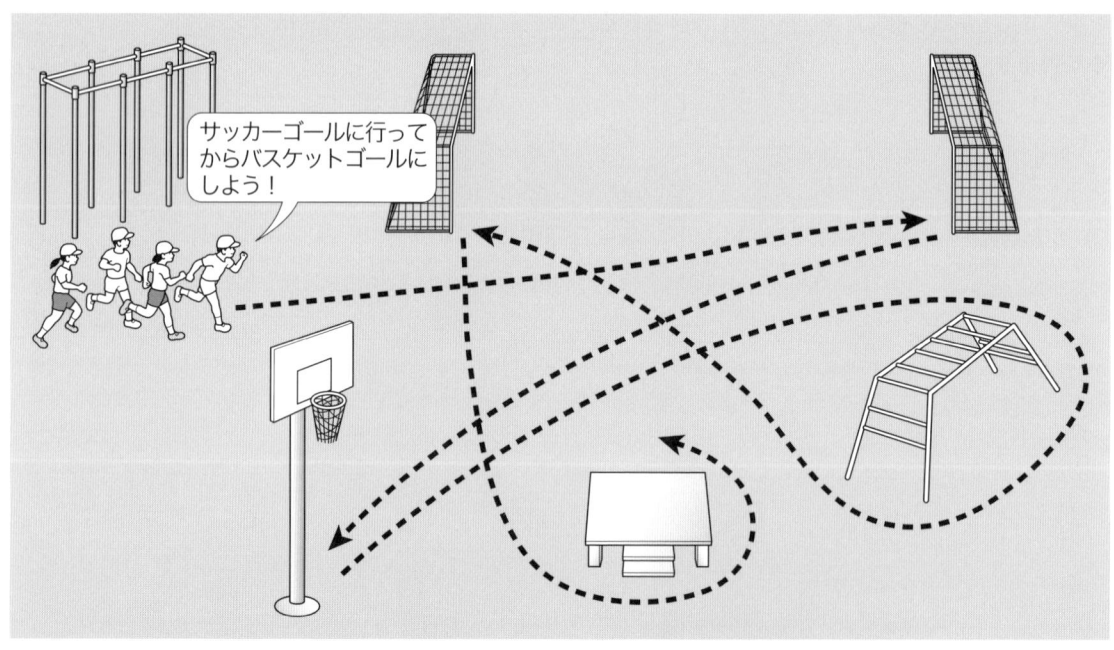

サッカーゴールに行ってからバスケットゴールにしよう！

子どもたちに考えさせる場合は、小集団（3～4人）でそれぞれに取り組ませる。
大きく丸く走るだけでなく、あっちへ行ったりこっちへ行ったりすると楽しくできる。

III. 跳ぶ運動

跳ぶ運動 1. 走り幅跳び

遠くに跳べる子の動き

運動のポイント

助走はリズミカルに	徐々にスピードを上げる	踏み切りの1歩前では重心を低く	地面を強く踏みつけ，ひっかくように

※走り幅跳びでの跳躍距離は，50m走との相関が高く，走能力の高い子は遠くに跳ぶことができる。
※踏み切りの1歩手前では，重心を低くし，やや膝を曲げ，ストライド（歩幅）を短くすることで跳躍につなげる。

62

走り幅跳びにはさまざまな跳躍フォームがあるが，小学生の段階では踏み切った後に両足を前方に伸ばして，しゃがんだ姿勢で着地するといった簡単な空中フォームで十分である。その中で跳ぶ運動の基本となる，片足踏み切り・両足着地，空中での姿勢保持（コントロール）を意識させたい。

振り上げ足を　　斜め前方へ　　　　　　両足を前方に伸ばして着地
引き上げる　　　伸び上がる

※自己目標のめやす（目標記録）の持たせ方
　（例）①立ち幅跳びの記録の1.7～2倍
　　　　②50m走の記録をもとに　　５年男子　　目標値＝－38.27×50m走タイム＋627.21
　　　　　　　　　　　　　　　　　５年女子　　目標値＝－36.59×50m走タイム＋605.34

跳ぶ運動 1. 走り幅跳び
助走から踏み切り

助走から踏み切りは，一連の動作である。助走は勢いよくスタートして加速する。中間では余裕を持っ

運動のポイント

1歩目がどちらの足か確認 正確な踏み出しを

徐々にスピードを上げる

全力疾走よりもゆとりを持って

つまずく動き

踏み切り線を意識して下を向く

上体が反りすぎてしまう

踏み切り線に合わない

踏み切り前のスピード低下 ちょこちょこ走り

両足着地ができない

て速度を維持する。

　踏み切り前の沈み込み動作（重心を下げる動作）を意識させることは難しく，強調しすぎると速度低下を生む結果になりやすい。

　踏み切りの角度（跳躍角）は15～22度くらいである。角度が低いと大きな跳躍はできない。

| 踏み切る前の3歩は上体を垂直に起こしておく | 最後の3歩はタン・タ・ターンのリズム | 地面を踏みつけひっかくように　膝を引き上げる |

指導のポイント

◆助走距離を決める

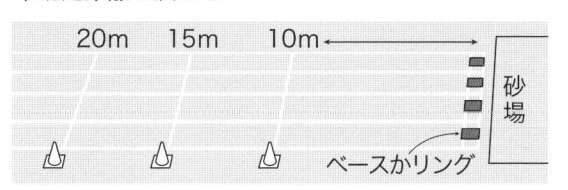

5mごとにラインを引いてめやすとさせる。
10・15・20mから走らせて，一番跳べそうな助走距離を見つけさせる。

◆踏み切り板を置く

踵から踏み切る感覚がつかめる

◆踏み切り位置に幅を持たせる

1本のラインではなく，幅を持たせて，塁ベースやリングを置く

◆短い距離での助走

5～7歩の短い助走で片足踏み切り・両足着地を練習

跳ぶ運動 1. 走り幅跳び

空中動作から着地

運動のポイント

振り上げ足を引っ込めずに踏み切り足を引き寄せて着地に向かう
踏み切り時に腕を振り上げ，上体を起こす

つまずく動き

前かがみの姿勢になる

回転力によって早まる着地

立ったままの着地＝着地角が大きい

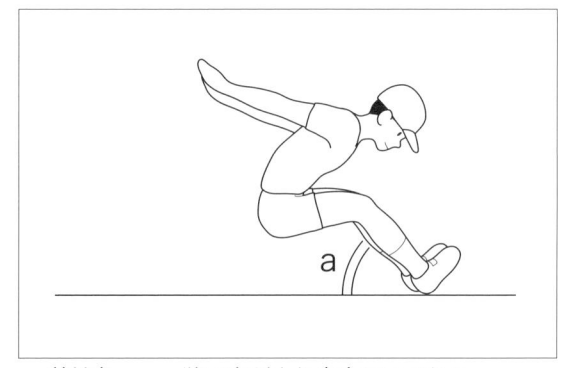

着地角＝a　狭い方がより空中にいられる

有効な着地は，足が伸びて着地角が小さい状態である。このような動作を引き出すには，踏み切り時に振り上げた腕を，着地に入るときに振り下ろすことが大切になってくる。振り下ろす動きの反作用によって両足を持ち上げ，着地足を前に出すことができる。

足を前へ出すイメージで「く」の字から「ん」の字に

両腕を素早く振り下ろす
膝を曲げて柔らかく着地

指導のポイント

◆踏み切った後は砂場の前の方を見る　　　◆両足の裏側を見せるイメージで

ゴムで具体的な目標をつくる　　　　　　子どもどうしで正面から観察し合う

◆ゴムを張って跳び越す

低空飛行にならないように意識させる

・踏み切りから1～1.5m程度のところ
・高さ40～50cm
・2cmの平ゴムがわかりやすい

跳ぶ運動 1. 走り幅跳び
川跳び（3年）

運動の行い方

①合図でスタート
・助走距離を限定（10m程度）する
・スタートラインを引いてスタート位置を明確にする
・片足踏み切り・両足着地がきちんとできていない段階では、初めから短い助走距離を示してあげることが必要である

②助走の勢いをつけ、ベースを強く踏み切る
〔判定ルールの例〕
○足がベースを踏んでいたらセーフ（難）
○足がベースを越えたらセーフ（易）

場づくり

場づくりの視点：○用具の準備・片付けが短時間にできる、○子どもの目標が明確であり、

①1本のゴムをはる
最初は誰もが跳び越せる目標を設定
（例）1.5m

②ゴムを斜めにはる
1本のゴムで目標を複数用意できる
個人の目標を設定
個人・グループで競争
（例）1コース→1点
　　　　　〜
　　　5コース→5点

走り幅跳びにつながる川跳びには，次の２つのポイントがある。①助走から片足で踏み切り・両足でしっかり着地する。②ゴムをめやすにして，結果がすぐにわかる。

子どもたちが何度も挑戦してみようと思える教材であり，授業のなかで跳躍回数を保障できる。

③足を胸に付けるように
・踏み切り，着地，いずれにも判定者をつけるとわかりやすい

④膝を柔らかく曲げて着地
〔判定ルールの例〕
○足がゴムを越えていたらセーフ（難）
○足がゴムにかかっていたらセーフ（易）

成否の判断が即時的で容易にできる。

③２～３本のゴムをはる
目標を複数にして，個人の目標を設定
個人・グループで競争
　（例）～１ｍ　→　１点
　　　　1.5ｍ　→　２点
　　　　２ｍ　　→　３点
　　　　３ｍ　　→　４点

つまづく動きと指導のポイント

◆片足踏み切り・両足着地ができない

その場から片足で踏み切り，両足で着地
３～５歩走って片足で踏み切り，両足で着地
グリコじゃんけんを行ってもよい

跳ぶ運動 1. 走り幅跳び

世界記録に挑戦（3・4年）

走り幅跳びは，基本的には個人で取り組む運動であるが，記録を得点化することによってグループでの競争とすることもできる。競争を持ち込むことで，意欲を持って取り組ませることができるのに加え，4

運動の行い方

■世界記録8m95cmに4人の合計記録で挑戦。

紐の長さが世界記録

①川跳びの記録をもとに平等な4人のチームをつくる。

②8m95cmの長さの紐を用意し，1チームに1本ずつ配る。

途中に印を付けて，アジア記録，日本記録，といった記録に挑戦させてもよい。

（参考）
男子世界記録	8m95cm
男子アジア記録	8m48cm
男子日本記録	8m25cm
女子世界記録	7m52cm
女子アジア記録	7m01cm
女子日本記録	6m86cm

（2007年8月現在）

③4人の順番を決める。

ジャンケンでも話し合いでもよい。
1人ひとりの跳躍ができる限り真剣な取り組みになるよう，4人の踏み切りのミスが出たら記録更新失敗とする。

④1人跳んだら紐を合わせに行く。

踏み切りの判定は他のチームの子。2チームがお互いに見合って判定。

2m24cmのところにゴムをはっておく

人グループで「世界記録への挑戦」という達成型としての工夫も考えられる。
　4人で世界記録を超えるには，1人2m24cmずつ跳ばなくてはならないが，3年生であれば大部分のチームが達成できると考えている。

跳んだ後に紐を合わせる

⑤踏み切りのつま先の位置から着地の踵の位置までを，紐を合わせて計測する。

　踏み切りのつま先や着地の踵をしっかりと見て，相手の記録を正しく計測できるようにする。

　踵よりも後ろにおしりや手を着いた場合は，その一番短い距離を計測する。

⑥順番に紐をたぐっていき，2人目，3人目と跳んだ距離を計測していく。

世界記録更新！バンザーイ！

⑦4人目のジャンプよりも紐の残りが短ければ，世界記録の更新となる。

　繰り返し挑戦し，世界記録を何回超えることができたかを確認させる。
　さらに，紐を10mに伸ばして4人で10mに挑戦させてもよい。

跳ぶ運動 2. 走り高跳び

高く跳べる子の動き

運動のポイント

最初の1歩をしっかり踏み出す　→　助走はリズミカルに　→　上体を起こし，強い踏み切り　→　振り上げ足を高く

※走り高跳びは50m走や身長との相関が高いので，モノグラムを使って自己記録のめやすを持たせることができる。

目標記録＝0.5×身長（cm）－10×50m走のタイム（秒）＋110cm

子どもの実態によって105cmや100cmにしてもよい

走り高跳びのフォームは様々であるが，小学生では助走を生かして全力で踏み切り，足から安全に着地ことが大切である。限られた学習時間内では，バーの上で体を寝かすような動作の習得は難しいことから，またいで跳び越すようなまたぎ跳びでよいであろう。

すぐに抜き足も高く引き上げる　　　　　　　　　　振り上げ足から
　　　　　　　　　　　　　　　　　　　　　　　　安全に着地

　それぞれの子の目標値を10点とし，5cm高く跳べれば11点，低いところまでしか跳べなかったら9点というようにする。個人の競争や得点を合計することによるグループでの競争も可能である。

跳ぶ運動 2. 走り高跳び

助走から踏み切り

運動のポイント

助走の1歩目は
踏み切り足から

助走のリズムは
5歩ならば1-2-1・2・3（1・2-1・2・3）
7歩ならば1・2・3・4-1・2・3
など自分のリズムをつくる

最後の3歩で，踏み切り準備から強い踏み切りをつくる

つまずく動き

遠くから踏み切る

助走を長くとれば跳べると思っている

踏み切り足が合わず，止まってしまう

踏み切り位置が近いためにバーを足で蹴ってしまう

74

走り高跳びの助走は，全速力ではなくリズミカルな助走である。3歩や5歩から始め，次第に距離を長くして7歩から9歩程度で踏み切れるようにする。またぎ跳び（はさみ跳び）の踏み切りは，ある程度スピードを利用するので，腕はランニングのときのように前後に大きく振りながら助走する。

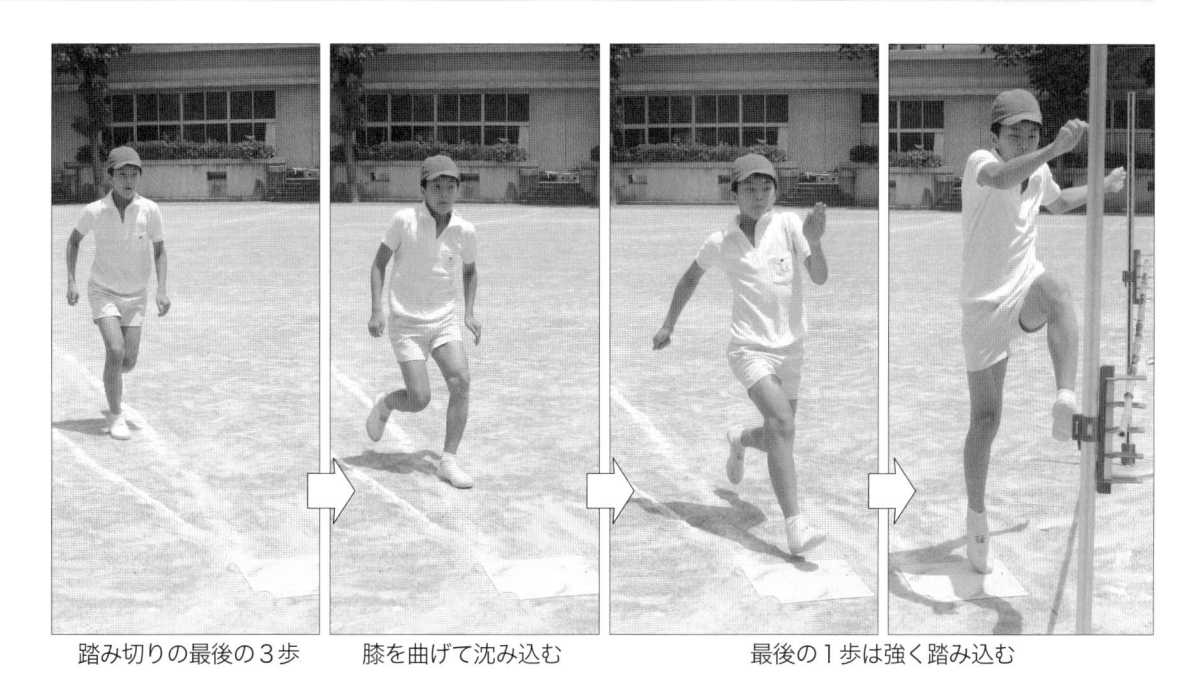

踏み切りの最後の3歩　→　膝を曲げて沈み込む　→　最後の1歩は強く踏み込む

指導のポイント

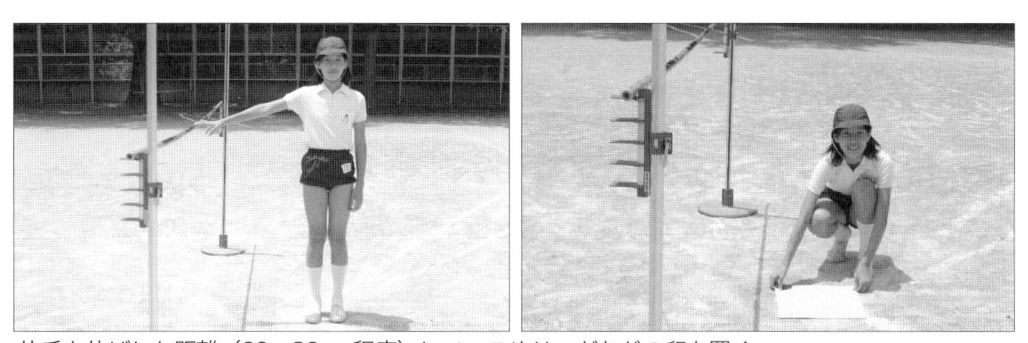

片手を伸ばした距離（60〜80cm程度）にベースやリングなどの印を置く

めやすになるライン（30度と45度）を引いて，自分に合う角度で跳ばせる

助走距離のめやすをラインで引いておく
帽子などのマークを置いてもよい

75

跳ぶ運動 2. 走り高跳び

踏み切りから着地

運動のポイント

膝を伸ばして、たたきつけるように踵から踏み切る

上体を起こすと同時に腕も振り上げる

踏み切りと同時に振り上げ足を高く上げる

◆腕の振り上げ

ランニングスタイル型

両腕振り込み型

腕を振り上げることが跳躍を助けることになる。振り上げの予備動作を踏み切りの予備動作と協応させると、高く跳べる。

つまずく動き

振り上げ足でバーを蹴る

⇓

振り上げる方向が悪い

抜き足がバーに引っかかる

踏み切りは，踏み切る場所とバーとの距離の調整と，沈み込みから一気に踏み切ると同時に上体を腕の振り上げによって跳躍へとつなげる動作がポイントとなる。また，バーをまたぎ越すときに，足を高く上げ，膝を伸ばす意識を持たせるとよい。

踏み切り足を引き上げ

バーを越えるときは前方にのしかかるように

振り上げ足からしっかり着地

指導のポイント ※子どもがうまくいかないと自覚し，必要性を感じたときの練習の場として用意する

◆踏み切り板を使って

◆2本バーを使って

踏み切りが弱く，浮いた感じが出ないときは，足の裏全体で踏み切り，大きな音が出るように

抜き足の引きつけが遅かったり，開きが足りないときは，2本バーを使って跳んでみる。バーの高さは，60〜80cm程度で

跳ぶ運動 2. 走り高跳び

へそまで跳ぼう・ゴム跳び（3・4年）

運動の行い方

■へそまで跳ぼう■
①身長が同じくらいの4人グループをつくる。
②下図のように膝から胸までのポイントを決め，ゴムの端をそのポイントにくっつける。
③2人でゴムを持ち，他の子は跳ぶ。
④どこのポイントまで跳べるかを競う。

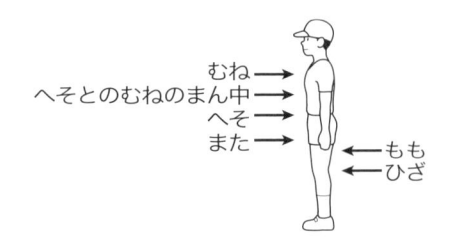

むね→
へそとのむねのまん中→
へそ→
また→ ←もも
←ひざ

■ゴム跳び■
①目盛りのついた棒を2本用意する（塩ビ管にいらなくなったメジャーを貼る）。
②2cm幅の平ゴムを2m程度用意し，両端を棒に結びつける。
③目盛りに合わせて何cm跳べるか挑戦する。
④棒を持つ子と跳ぶ子を2～3回に1回交代させる。最初は40cmから始め，5cmずつ上げていく。

〔判定基準例〕
・ゴムに触れずに跳び越えたらセーフ（やや難） 
・ゴムに触れても引っかからずに跳び越せたらセーフ（やや易）

78

中学年の時期は，目標が明確なほど子どもは意欲的に取り組む。自分のへそまで跳べることというめあてがはっきりしており，ほとんどの子がクリアーできる高さである。竹バーなどでは抵抗が大きいので，ゴムを使って取り組ませる。アウト・セーフの基準は子どもに応じて決める。

高学年の高跳びでも，竹バーに対して抵抗が大きい場合，ゴムを使用してもよい。

運動のポイント

◆またぎこし跳びの感覚がつかめない子への指導（ゴムの高さは直立してまたげる程度）

＜第1段階＞

①ゴムの横に立つ  → ②振り上げ足を上げ，またぐようにゴムを越える  → ③抜き足を上げ，越える

＜第2段階＞

①ゴムの横に立つ  → ②その場から跳び上がる  → ③跳んだ勢いで振り上げ足，抜き足の順にゴムを越える

■8の字ゴム跳び■

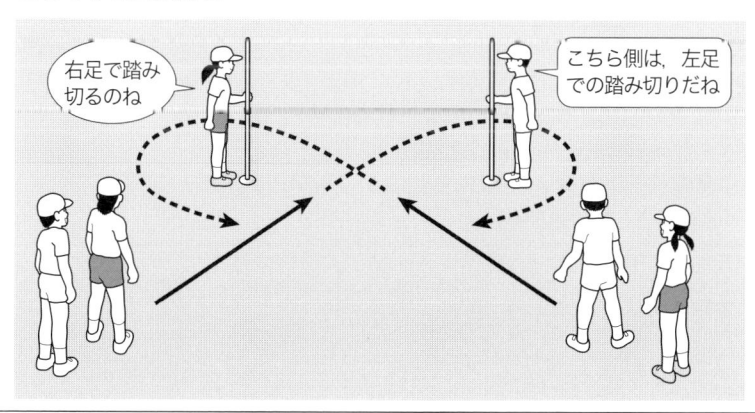

「右足で踏み切るのね」「こちら側は，左足での踏み切りだね」

ゴムの高さを50～60cm程度にして，8の字をえがくようにして跳ぶ。またぎ跳びのイメージで跳ばせる。繰り返すうちに，左右のどちらから跳びやすいかもわかる。

■著者紹介

清水　由（しみず　ゆう）

1973年　東京都に生まれる
1997年　東京学芸大学教育学部小学校教員養成課程卒業（保健体育選修）
2000年　筑波大学大学院修士課程体育研究科修了（体育方法学専攻）
東京都狛江市立狛江第七小学校を経て，2004年より筑波大学附属小学校教諭，現在に至る
・筑波学校体育研究会理事　・初等教育研究会会員
・日本スポーツ教育学会会員　・体育授業研究会理事

【著書】
『小学校新学習指導要領の展開　体育科編』明治図書出版，2009年（共著）
『10分でわかる！体育授業のコツ　小学校高学年』学事出版，2009年（共著）
『体育科教育別冊　新しい鉄棒運動の授業づくり』大修館書店，2009年（共著）
『10分でわかる！体育授業のコツ　小学校低学年』学事出版，2009年（共著）
『＜小学校体育＞写真でわかる運動と指導のポイント　ボール』大修館書店，2010年（単著）
『走る，泳ぐ，投げる，回る，跳ぶ…すべての子どもが必ずできる　体育の基本』
　　　　　　　　　　　　　　　　　　　　　　　　学研教育みらい，2010年（共著）
『シンプルで子どもが伸びる体育の授業づくり－もっとやさしく，もっとかかわる新たな視点－』
　　　　　　　　　　　　　　　　　　　　　　　　明治図書出版，2011年（単著）
『プロ教師に学ぶ体育科授業の基礎技術』東洋館出版社，2013年（共著）
『「口伴奏」で運動のイメージ・リズムをつかむ体育授業』明治図書出版，2013年（共著）
『教科で育てるソーシャルスキル40』明治図書出版，2015年（共著）
『気になる子の体育　授業で生かせる実践例52』学研教育みらい，2015年（共著）
『水泳指導のコツと授業アイデア』ナツメ社，2016年（共著）
『平成29年版学習指導要領改訂のポイント　小学校・中学校体育保健体育』
　　　　　　　　　　　　　　　　　　　　　　　　明治図書出版，2017年（共著）
『小学校新学習指導要領のカリキュラム・マネジメント
　　　　　　　「資質・能力」を育成する体育科授業モデル』学事出版，2017年（共著）
『通常授業のユニバーサルデザインと合理的配慮』金子書房，2017年（共著）
『気になる子もいっしょに！　体育ではじめる学級づくり－ソーシャルスキルのつまずきを
　　　　学級経営に生かす応援プラン１０４－』学研教育みらい，2017年（共著）

＜小学校体育＞写真でわかる運動と指導のポイント　陸上
Ⓒ Y.Shimizu 2008　　　　　　　　　　　　　　　　　　　NDC782／79p／26cm

初版第1刷発行	2008年3月1日
第4刷発行	2017年9月1日

著　者	清水　由（しみず　ゆう）
発行者	鈴木一行
発行所	株式会社　大修館書店
	〒113-8541　東京都文京区湯島2-1-1
	電話03-3868-2651(販売部) 03-3868-2297(編集部)
	振替00190-7-40504
	[出版情報] http://www.taishukan.co.jp
装幀・本文レイアウト	阿部彰彦
印刷所	横山印刷
製本所	難波製本

ISBN 978-4-469-26652-8　Printed in Japan
Ⓡ 本書のコピー，スキャン，デジタル化等の無断複製は著作権法上での例外を除き禁じられています。本書を代行業者等の第三者に依頼してスキャンやデジタル化することは，たとえ個人や家庭内での利用であっても著作権法上認められておりません。